우리가
만날
예수

우리가 만날
예수

지은이 | 김지철
초판 발행 | 2018. 4. 18

등록번호 | 제1988-000080호
등록된 곳 | 서울특별시 용산구 서빙고로 65길 38
발행처 | 사단법인 두란노서원
영업부 | 2078-3352   FAX | 080-749-3705
출판부 | 2078-3331

책값은 뒤표지에 있습니다.
ISBN 978-89-531-3110-1 03230   Printed in Korea

독자의 의견을 기다립니다.
tpress@duranno.com   www.duranno.com

* 이 책에 사용된 성경은 개역개정에서 인용하였습니다.

두란노서원은 바울 사도가 3차 전도여행 때 에베소에서 성령 받은 제자들을 따로 세워 하나님의 말씀으로 양육하던 장소입니다. 사도행전 19장 8-20절의 정신에 따라 첫째 목회자를 돕는 사역과 평신도를 훈련시키는 사역, 둘째 세계선교(TIM)와 문서선교 (단행본·잡지) 사역, 셋째 예수문화 및 경배와 찬양 사역, 그리고 가정·상담 사역 등을 감당하고 있습니다. 1980년 12월 22일에 창립된 두란노서원은 주님 오실 때까지 이 사역들을 계속할 것입니다.

예수의 삶에서
주목하는
19가지 얼굴

우리가
만날
예수

김지철 지음

드라누

목차

서문 _ 6

01 그분은 어떻게 이 땅에 오셨나

1장 하나님의 웃음으로 오시다 _ 12
2장 사람으로 오시다 _ 24
3장 그토록 기다리던 분으로 오시다 _ 36
4장 우리와 함께하는 하나님으로 오시다 _ 46
5장 부모의 품에서 자라시다 _ 60

02 그분은 누구와 함께 계셨나

6장 가난한 자리에 계시다 _ 76
7장 벗들과 잔치를 누리시다 _ 90
8장 기쁨으로 충만하시다 _ 104
9장 화를 내시다 _ 116
10장 불쌍히 여기시다 _ 128

03
그분은 무엇을 위해 사셨나

11장 나그네의 삶을 사시다 _ 142

12장 눈물을 흘리시다 _ 154

13장 죽음을 두려워하시다 _ 166

14장 두려움을 극복하시다 _ 180

15장 질문 앞에 서시다 _ 194

04
그분이 다시 이 땅에 오실 때

16장 부활의 모습으로 오시다 _ 208

17장 새로운 시간으로 오시다 _ 222

18장 삶의 현장으로 오시다 _ 234

19장 우리의 새 생명으로 오시다 _ 242

※ 서문

하루에도 수많은 사람이 우리 주위를 스쳐 지나간다. 그 가운데 에너지가 충전되는 플러스 만남이 있다. 반대로 에너지를 빼앗기는 마이너스 만남도 있다. 우리는 이 두 만남 사이에서 때로 미소 짓기도 하고, 찡그리기도 하며 살아간다. 격려와 용기를 주고받는 만남은 지속하고 싶다. 그러나 마음이 쓸쓸해지고 위축되는 만남은 더 이상 반복하고 싶지 않다.

예부터 어른들이 '누구를 만나느냐에 따라 인생이 달라진다'고 말씀하시지 않았던가? 나 자신도 마찬가지다. 사람 때문에 슬퍼하고 가슴 아파한 적도 있다. 하지만 사람 때문에 더 큰 기쁨과 위로, 용기를 얻었다. 그래서 지금도 사람을 만나는 일이 즐거움이 된 것이 참 감사하다.

우리 예수님도 이 땅에 와서 제일 먼저 하신 일이 사

람을 만나는 것이었고, 하나님 나라를 위한 믿음의 동역자를 세우는 일이었다. 그렇다면 만남 중의 만남, 최고의 만남은 무엇인가? 그것은 바로 나의 친구, 나의 스승, 우리 주님이신 예수님을 만나는 것이다. 예수님 안에 인생의 수많은 질문에 대한 해답이 있기 때문이다.

예수님을 만나는 것이 축복인 이유가 무엇일까? 내가 기뻐할 때 예수님은 나보다 더 기뻐하셨다. 내가 슬퍼할 때 나보다 더 슬퍼하셨다. 내가 화를 낼 때 나보다 더 분노하셨으며, 내가 외로워할 때 나보다 더 외로워하셨다. 또한 내가 죄악 때문에 눈물을 흘릴 때 십자가에 달려 나보다 더 큰 통곡을 하셨다.

예수님이 우리의 사랑과 자랑이 되는 이유가 여기에 있다. 놀랍게도 작은 슬픔은 더 큰 슬픔을 만나면 위로를 얻는다. 작은 아픔은 더 큰 아픔을 만나면 치유를 받는다. 작은 외로움이 더 큰 외로움을 만나면 새로운 친구가 된다.

우리 인생에 대답을 주시기 위해 이 땅에 오신 예수님, 이 책에 우리의 친구가 되신 그 예수님의 이야기를 담았다. 예수, 그분은 우리의 보배이시다. 마치 쉽게 깨어질 것 같은 인간의 질그릇에 담긴 하늘의 보배다. 그 예수를 만나는 기쁨이 충만하길, 그래서 그분을 더욱 사랑하고 자랑하는 우리의 삶이 되길 기도한다.

나 역시 장로회신학대학교에서 교수로, 또 소망교회에서 목회를 하면서 받은 최고의 축복이 있다. 그것은 단연코 사람의 복, 인복이라 할 수 있다. 너무나 좋은 믿음의 사람들을 만났다. 예수님을 믿고 주님의 길을 따라가면서 얻은 하나님의 선물이다.

어릴 때 나는 혼자라 외롭다고 투덜댔는데, 어느덧

열 명의 대가족이 되었다. 늘 내 옆에서 나를 위해 기도하며 사랑으로 도와주는 아내 순옥, 아들 내외인 의혁이와 성혜, 그리고 예안이와 태안이, 딸 내외인 근영이와 의경, 그리고 가은과 시은이, 생각하면 자꾸 눈물이 날 만큼 고맙고 또 고맙다.

이 책을 위해 애쓴 믿음의 친구들에게도 고마움을 전한다. 원고를 세밀하게 검토해 준 강영롱 목사와 박혜영 목사, 두란노 편집진에게 감사를 드린다.

2018년 4월
십자가의 어둠을 뚫고 찾아온
부활절 아침을 맞이하며

김지철 목사

01

그분은
어떻게 이 땅에
오셨나

1장 하나님의 웃음으로 오시다
2장 사람으로 오시다
3장 그토록 기다리던 분으로 오시다
4장 우리와 함께하는 하나님으로 오시다
5장 부모의 품에서 자라시다

1장
하나님의 웃음으로 오시다

이새의 줄기에서 한 싹이 나며 그 뿌리에서 한 가지가 나서 결실할
것이요 그의 위에 여호와의 영 곧 지혜와 총명의 영이요 모략과
재능의 영이요 지식과 여호와를 경외하는 영이 강림하시리니 그가
여호와를 경외함으로 즐거움을 삼을 것이며 그의 눈에 보이는 대로
심판하지 아니하며 그의 귀에 들리는 대로 판단하지 아니하며
공의로 가난한 자를 심판하며 정직으로 세상의 겸손한 자를 판단할
것이며 그의 입의 막대기로 세상을 치며 그의 입술의 기운으로
악인을 죽일 것이며 공의로 그의 허리띠를 삼으며 성실로 그의
몸의 띠를 삼으리라

이사야 11장 1-5절

기다림의 신앙

기독교는 기다림의 신앙입니다. 우리는 예수님의 재림을 기다리면서 오늘을 살고 있습니다. '기다림'이라는 말을 다르게 표현하면 '소망'입니다. 마음속에 소망이 없다면 기다림도 없을 것입니다. 소망을 품고 기다리는 것은 복된 일이며 소망을 품지 않고 사는 사람처럼 허무한 인생은 없습니다. 그런데 사실 기다림이 계속되면 우리의 가슴은 타들어갑니다. 그래서 하나님은 우리에게 기다림과 함께 성취도 주셨습니다. 결국 기다림과 성취는 모두 하나님이 우리에게 주신 선물입니다.

하나님은 우리에게 성취에 앞서 기다림을 주셔서 하루하루를 잡아당기며 살게 하셨습니다. 그래서 그리스도인에게 '시간'은 세상의 관점과 다릅니다. 세상의 모든 시간은 그저 지나가는 것이지만 그리스도인에게 시간은 미래에서 현재로 다가오는 것입니다. 그런 의미의 기다림입니다. 영원한 하나님의 생명이 우리에게 가까이 다가오고 있습니다. 우리는 주님이 다시 오겠다고 약속하셨기 때문에 기다림으로 미래의 시간을 만나며 살고 있는 것입니다.

사도 바울도 "자다가 깰 때가 가까이 왔다"라고 말했습니다. 즉 '지금'은 그저 지나는 순간이 아니라 가까이 다가올 때를 기다리는 시간이라는 것입니다. 이렇게 그리스도인은 다가온다는 의미로 '시간'을 이해하기에 삶에 설렘이 있습니다. 그리고 가슴을 부드럽게 하는 따뜻함이 있습니다.

우리는 하나님을 기다리고 하나님은 우리를 기다리십니다. 그것이 성경의 내용입니다. 하나님은 인간이 다시 돌아오기를 기다리십니다. 그리고 우리는 위기와 절망 속에서 하나님이 소망과 빛, 생명으로 이 땅에 다시 오시기를 기다립니다. 이 땅에 오신 예수 그리스도, 다시 오실 그리스도, 영원한 세계 속에 약속하신 생명과 은혜의 자리를 기다리며 오늘을 살아가는 것입니다. 바로 그것은 신앙의 기쁨으로, 이는 마치 사랑하는 남자와 여자가 결혼 날짜를 기다리며 하나되기를 소망하는 기다림과 같습니다.

그런데 예수님을 믿는다고 하면서, 신앙의 핵심 같은 기다림을 잃어버린다면 그것처럼 허망한 일은 없을 것입니다. 하나님이 우리를 찾아오시는 사건은 눈에 띄는 것이 아니라 감추어진 상태로 다가옵니다. 그래서 하나님은 종종 우리에게 이렇게 말씀하십니다. "볼 수 있는 눈을 가져라. 들을 수 있는 귀를 가져라. 깨달을 수 있는 마음을 가져라. 그래야 내가 너희에게 어떻게 다가오는지 알 수 있을 것이다." 열린 마음을 가진 자만 깨닫게 하시려는 것입니다.

낮은 자리에서 시작되는 하나님의 역사

이사야 11장은 앞으로 오실 메시아를 예언하는 말씀으로, 이 부분에도 감추어진 계시의 말씀이 등장합니다.

> 이새의 줄기에서 한 싹이 나며 그 뿌리에서 한 가지가 나서 결실할 것이요(사 11:1).

이새는 다윗의 아버지 이름입니다. 다윗은 왕이었지만 그의 아버지 이새는 가진 것 없는 그저 평범한 농부이자 목자였습니다. 그런데 그의 가문에 메시아가 등장한다고 예언합니다. 그것은 아무것도 아닌 것, 별 볼 일 없는 것, 세상의 눈으로 볼 때 큰 가치가 없는 것에서 믿음의 역사, 생명의 역사, 메시아의 역사를 시작하신다는 하나님의 선언입니다.

실제로 이 땅에 오신 예수님은 보잘것없는 연약한 자리에서 삶을 시작하셨습니다. 예수님이 오셨을 때 그 누구도 그분을 맞이할 준비를 하지 않았습니다. 또한 예수님은 여관에 작은 방 한 칸이 없어서 누구도 알아주지 않는 구유에서 태어나 가난한 목수 요셉의 아들로 자라나셨습니다. 당시 예수님을 '나사렛 사람'이라고 불렀던 것도 예수님을 멸시하는 마음에서 비롯된 것이었습니다. 사람들은 '나사렛이라고 하는 천박한 곳에서 무슨 선한 것이 나겠는가? 이방 지역, 아무도 돌보지 않는 그런 자리에서 자라난 예수가 도대체 무슨 메시아인가?' 하고 의구심을 품었습니다. 이렇듯 예수님은 비천한 이방 지역의 사람으로 불렸습니다.

　예수님이 오신 것 자체가 지극히 소박하고 겸손했습니다. 아니, 비천하고 초라하기까지 했습니다. 그분은 가난한 자, 배고픈 자, 애통하는 자로 이 땅에 오셨습니다. 그것이 하나님의 역사의 시작입니다. 그렇다면 왜 하나님은 그분의 아들을 이 땅에 보내시면서 크고 화려한 궁궐이 아닌 아무도 관심을 갖지 않는 자리로 보내신 것일까요? 그것은 바로 이 세상의 가치관을 뒤집고 싶은 하나님의 마음 때문이었습니다.

　하나님이 싫어하시는 세 종류의 사람이 있습니다. 첫째, 교만한 사람입니다. 그들은 하나님을 알지 못하고 스스로 높은 체하며 으스댑니다. 둘째, 무자비한 사람입니다. 하나님은 이웃을 조롱하고 연약한 사람을 무시하고 억압하는 태도를 싫어하십니다. 셋째, 탐욕이 많은 사람입니다. 하나님은 권력과 재물, 명예 앞에서 인간의 존엄성조차 무시하고 그것을 탐하는 사람을 싫어하십니다. 그래서 하나님은 그런 자들에 대한 심판으로, 가장 겸손하고 긍휼이 많은 예수 그리스도를 가장 가난한 모습으로 이 땅에 보내신 것입니다.

세상의 가치관을 비웃으시는 하나님

예수님이 이 땅에 오셨을 때 교만하고 잔인하며 탐욕스러운 자들은 모두 침묵했습니다. 당시 권력자였던 헤롯은 예수님이 탄생하셨다는 소식을 듣고 분노하며 어린 예수를 죽이려 달려들었고 종교 율법을 꿰뚫고 있는 바리새인과 서기관들은 예수님을 거들떠보지도 않았습니다. 가진 것을 자랑하던 사람들은 볼품없이 다가온 예수님께 아무런 관심을 기울이지 않았습니다. 그것은 이사야의 예언과 같습니다.

> 주께서 이르시되 이 백성이 입으로는 나를 가까이 하며 입술로는 나를 공경하나 그들의 마음은 내게서 멀리 떠났나니 그들이 나를 경외함은 사람의 계명으로 가르침을 받았을 뿐이라 그러므로 내가 이 백성 중에 기이한 일 곧 기이하고 가장 기이한 일을 다시 행하리니 그들 중에서 지혜자의 지혜가 없어지고 명철자의 총명이 가려지리라(사 29:13-14).

하나님이 "세상에서 스스로 잘났다고 하는 모든 사람의 지혜와 총명을 무력하게 만들겠다"라고 선포하시는 말씀입니다. 그때 새어나오는 하나님의 웃음소리가 들리지 않습니까? 그것은 기쁨이 아니라 조롱과 꾸짖음의 웃음입니다. 하나님은 시편 2편에서 이렇게 말씀하십니다.

> 어찌하여 이방 나라들이 분노하며 민족들이 헛된 일을 꾸미는가…하늘에 계신 이가 웃으심이여 주께서 그들을 비웃으시리로다(시 2:1, 4).

하나님은 분노하며 헛된 일을 꾸미는 모든 사람을 보면서 "네가 세상의 왕이냐? 나는 하늘의 왕이다"라고 말씀하십니다. 그리고 스스로 잘났다고 여기는 사람들, 힘있다고 으스대는 사람들, 권력을 뽐내는 사람들을 향해 비웃으십니다. 하나님을 적대하는 자들에 대한 하나님의 조롱이자 교만한 자들을 향한 하나님의 심판입니다.

마리아는 성령이 오셔서 "네가 아들을 낳을 것인데 곧 하나님의 아들이다"라고 말씀하셨을 때 크게 놀랐습니다. 성령이 별 볼 일 없는 초라한 자신에게 임재하셔서 하나님의 새로운 역사를 만드신다는 사실을 믿을 수 없었기 때문입니다. 하지만 그녀는 자신에게 임한 놀라운 은총을 통해 하나님의 뜻을 알게 됩니다. 이 세상을 역전시키는 하나님의 새로운 섭리를 깨닫게 된 것입니다. 마리아의 노래에서 그 모습을 볼 수 있습니다.

> 그의 여종의 비천함을 돌보셨음이라(눅 1:48).

그의 팔로 힘을 보이사 마음의 생각이 교만한 자들을 흩으셨고 권세 있는 자를 그 위에서 내리치셨으며 비천한 자를 높이셨고 주리는 자를 좋은 것으로 배불리셨으며 부자는 빈손으로 보내셨도다 (눅 1:51-53).

기독교 신앙은 굉장히 강렬합니다. 기존의 것을 뒤집어 놓는 혁명과도 같습니다. 기존의 질서는 인간의 자랑과 교만, 인간이 의지하는 권력과 재물을 향한 끝없는 탐욕 때문에 더욱 잔인해지는 인간 사회의 모든 것을 의미합니다. 하나님은 예수님을 통해 그 모든 것을 뒤집어 놓기를 원하셨습니다.

자기를 뽐내고 가난한 자를 업신여기며 연약한 자를 조롱하는 것에 대한 하나님의 비웃음, 그것이 바로 예수님이 오신 의미입니다. 성공만 추구하면서 달려가는 사람들, 권력에 붙들린 사람들, 재물의 탐욕 속에 빠진 사람들을 심판하시기 위해 하나님은 그들과 정반대의 길을 택하셨습니다. 그래서 아들 예수님을 가장 낮고 초라한 곳에 가장 비천하고 무력한 어린아이의 모습으로 태어나게 하신 것입니다.

겸손한 자에게 따뜻한 웃음을 보내시는 하나님

그렇다면 예수님이 이 땅에 오신 것은 이런 힘있는 자들을 향한 비웃음만 의미하는 것일까요? 아닙니다. 거기에는 또 다른 웃음이 존재합니다. 이 땅에서의 예수님을 묵상하면 아브라함의 아들 이삭이 떠오릅니다.

하나님이 99세 된 아브라함을 찾아와 이렇게 말씀하십니다. "내년 이맘때 네 아내가 아들을 안고 있을 것이다." 그 말을 들은 아브라함은 기가 막혔습니다. 그때 그의 심정이 성경에 이렇게 기록되어 있습니다.

> 아브라함이 엎드려 웃으며 마음속으로 이르되 백 세 된 사람이 어찌 자식을 낳을까 사라는 구십 세니 어찌 출산하리요 (창 17:17).

아브라함은 속으로 생각했습니다. '말도 안 됩니다. 제가 100세이고 제 아내가 90세입니다. 그런데 어떻게 우리에게 자식이 있을 수 있습니까?' 100세가 된 자신에게 아들이 생길 것이라는 말은 도저히 믿을 수 없었던 것입니다. 그렇다면 사라는 어떠했을까요? 하나님과 아브라함의 대화 내용을 천막 어귀에서 엿들은 그녀의 반응도 아브라함과 다르지 않았습니다.

> 사라가 속으로 웃고 이르되 내가 노쇠하였고 내 주인도 늙었으니 내게 무슨 즐거움이 있으리요(창 18:12).

'내가 이렇게 다 늙었는데 아이를 낳는다고?' 사라도 속으로 웃었습니다. 도저히 상상할 수 없는 일이었기 때문입니다. 그런데 하나님이 물으십니다. "사라야, 너 왜 웃느냐?" 사라는 깜짝 놀라 웃지 않았다고 거짓말했지만 하나님은 그녀가 웃었다고 다시 한 번 말씀하십니다. 그리고 그들의 웃음을 보신 하나님은, 그들이 낳게 될 아들의 이름을 '웃음'을 뜻하는 '이삭'이라 지으라고 알려 주십니다.

처음 하나님의 말씀을 들었을 때 사라의 웃음은 기가 막혀서 나온 것으로, 말도 안 된다고 여겨서 터진 웃음이었습니다. 그런데 1년 후 사라는 아들 이삭을 안고 이렇게 노래합니다.

> 사라가 이르되 하나님이 나를 웃게 하시니 듣는 자가 다 나와 함께 웃으리로다(창 21:6).

하나님이 웃음을 주셔서 기가 막힌 웃음을 기쁨의 웃음으로 바꿔 주셨다는 것입니다. 그러면서 이렇게 이야기합니다. "이 소식을 듣는 모든 사람아, 너희도 나와 함께 웃어라." 이삭은 아브라함과 사라에게 기쁨의 웃음이 되었습니다.

하나님의 웃음, 예수님

하나님은 예수님을 통해 우리에게 웃음을 선물하셨고 고통받는 사람들에게 위로를 주셨습니다. 그것이 바로 예수님이 이 땅의 가장 비천한 자리에 오신 이유입니다. "가난한 자들아, 애통하는 자들아, 고통받는 자들아, 우는 자들아, 참담하게 절망하는 자들아, 내가 아들 예수를 너희에게 보낸다. 예수는 너희보다 더 배고프고 더 가난하다. 너희보다 더 절망하고 더 고통을 받는다. 그러므로 이제 예수를 통해 위로를 받아라." 예수님의 생애는 가난한 자, 힘든 자, 외로운 자를 위로하고 격려하고 소망과 힘을 주어 그들을 다시 세우신 것이 전부였습니다.

예수님은 하나님의 따뜻한 사랑의 웃음입니다. 사탄의 종이었던 우리가 죄악 가운데 용서를 받고 하나님의 아들과 딸이 되었습니다. 이 세상의 죽음으로 모든 것이 끝나는 줄 알았는데 영원한 생명의 세계를 우리에게 맡겨 주셨습니다. 과연 이보다 더 큰 사랑과 웃음이 어디 있겠습니까? 결국 하나님의 웃음은, 우리가 교만할 때는 비웃음이지만 겸손히 주님의 은총을 찬양할 때는 기쁨과 사랑의 웃음이 됩니다.

예수님이 이 땅에 오신 이유는 우리에게 기쁨의 웃음을 주시고 하나님을 찬양하게 하기 위함입니다. 울던 아이도 어머니의 얼굴을 보면 금방 울음을 그치지 않습니까? 어머니가 자녀를 보고 웃으면 아이는 언제 울었냐는 듯 방긋방긋 웃습니다.

마찬가지로 우리의 아버지 되시는 하나님은 예수님을 통해 우리를 웃게 하십니다. 우리는 예수님의 얼굴에 나타난 하나님의 웃음을 보면서, 어머니의 웃는 얼굴에 반응하는 아이처럼 환하게 웃을 수 있습니다. 우리 속에 있는 아픔과 슬픔들을 다 토해낼 수 있습니다. 아버지 되시는 하나님이 따뜻한 사랑의 웃음으로 우리를 바라보시기 때문입니다.

나를 향한 하나님의 따뜻한 웃음소리를 듣는 것, 그것이 바로 예수 그리스도의 복음입니다. 오늘도 그 웃음소리를 들으십시오. 그리고 나 같은 자를 위해 가장 낮은 자리로 오신 주님을 기쁨과 감사로 노래하는 하나님의 자녀가 되기를 바랍니다.

2장
사람으로 오시다

강하고 담대하라 너는 내가 그들의 조상에게 맹세하여 그들에게
주리라 한 땅을 이 백성에게 차지하게 하리라 오직 강하고 극히
담대하여 나의 종 모세가 네게 명령한 그 율법을 다 지켜 행하고
우로나 좌로나 치우치지 말라 그리하면 어디로 가든지 형통하리니
이 율법책을 네 입에서 떠나지 말게 하며 주야로 그것을 묵상하여
그 안에 기록된 대로 다 지켜 행하라 그리하면 네 길이 평탄하게
될 것이며 네가 형통하리라 내가 네게 명령한 것이 아니냐 강하고
담대하라 두려워하지 말며 놀라지 말라 네가 어디로 가든지 네
하나님 여호와가 너와 함께 하느니라 하시니라

말씀이 육신이 되어 우리 가운데 거하시매 우리가 그의 영광을
보니 아버지의 독생자의 영광이요 은혜와 진리가 충만하더라

여호수아 1장 6-9절
요한복음 1장 14절

인간이 찾는 매뉴얼

세상을 분류하는 방식에는 여러 가지가 있는데, 그중 한 가지로 세상을 하드웨어와 소프트웨어로 분류해 보려고 합니다. 이 세상에 보이는 모든 사물이 하드웨어라면 소프트웨어는 무엇일까요? 바로 사람입니다. 사람이 없으면 세상의 모든 것이 무가치하기 때문입니다. 결국 사람이 세상의 소망입니다. 이 세상의 어떤 것보다, 아니 천하보다 더 귀한 존재가 사람입니다.

더 나아가 사람 자체를 하드웨어와 소프트웨어로 분류해 보겠습니다. 우리의 몸, 육체는 하드웨어요 생각, 정신, 마음, 영혼이 소프트웨어입니다. 만약 우리에게 생각, 정신, 마음이 없다면 사람은 그저 살덩어리에 불과합니다. 그만큼 생각, 정신, 마음은 소중합니다. 그렇다면 사람을 사람답게 해주는 우리의 생각, 정신, 마음과 영혼은 무엇에 의해 움직이는 것일까요? 우리가 그것을 바르게 알 수 있는 매뉴얼은 없을까요?

전자제품이나 컴퓨터, 핸드폰 등을 사면 먼저 그 제품의 간단한 기능을 시험해 봅니다. 그런데 때로 제품의 매뉴얼을 읽지 않고 이리저리 만져서 제품을 고장내거나 그저 제품 자체에 끌려서 매뉴얼은 제쳐둔 채 몇 가지 기능을 사용하는 것만으로 만족하기도 합니다. 그 제품의 다양한 기능에 대해 무지한 채로 지내는 것입니다.

요즘은 핸드폰이 없는 사람이 없고 대부분 고급 스마트폰을 사용합니다. 그런데 나이든 사람일수록 핸드폰으로 하는 일이라곤 전화를 걸고 받는 정도일 때가 많습니다. 다른 기능을 잘 알지 못하고 사용하지도 못하는 것입니다. 하지만 젊은 사람은 다릅니다. 그들은 핸드폰의 기능을 잘 알고 그것을 활용할 수 있는 여러 가지 애플리케이션(application, 앱)을 잘 알아서 다양한 방법으로 핸드폰을 사용합니다. 그리고 우리가 잘 알고 활용하면 누릴 수 있는 많은 기능과 사용법을 알려 주는 것이 매뉴얼입니다.

그렇다면 이런 질문이 생깁니다. '우리 인간을 위한 매뉴얼은 없을까?' 수많은 사람이 오랫동안 이 질문의 답을 찾기 위해 애썼고 지혜자들은 많은 글을 쓰기도 했습니다. 유교의 사서오경(四書五經), 불교의 불경(佛經)을 비롯해 헬라철학으로 소크라테스(Socrates), 플라톤(Plato), 아리스토텔레스(Aristoteles)의 고전 모두 인간의 매뉴얼을 찾기 위한 노력의 산물이라고 할 수 있습니다.

인간은 어디서 와서 어디로 가는가? 인간은 도대체 어떤 존재인가? 살아간다는 것은 무엇을 의미하는가? 인간은 어떤 목적을 지닌 존재인가? 인간을 두렵게 하는 '죽음'이란 무엇인가? 죽음 이후의 세계는 있는가? 영원한 생명은 어떻게 누릴 수 있는 것인가? 지혜자들은 수많은 질문의 답을 찾기 위해 노력했지만 인간 스스로 인간의 매뉴얼을 만드는 데는 늘 한계가 있었습니다. 그래서 인간이 만든 책에는 끊임없이 물음만 있습니다. 대답은 없는 질문의 책인 것입니다. 인문학 중의 인문학이라 할 수 있는 철학도 마찬가지입니다.

하나님이 주신 매뉴얼, 성경

그렇다면 세상의 수많은 책과 성경의 결정적인 차이는 무엇일까요? 인간에 대해 질문하는 다른 종교와 기독교 신앙의 차이는 무엇일까요?

우리는 기독교를 계시의 종교라고 말합니다. 그리고 구약과 신약으로 되어 있는 성경을 하나님의 말씀, 곧 계시의 말씀이라고 합니다. 그 이유는 성경이 수많은 지혜자가 했던 질문을 똑같이 갖고 있으면서 동시에 그토록 찾던 대답도 갖고 있기 때문입니다. 성경은 인간의 기원과 존재 이유, 삶의 목적, 죽음을 넘어 생명의 이야기를 다루고 있습니다. 그래서 성경을 하나님이 인간을 위해 주신 매뉴얼이라고 할 수 있는 것입니다.

만약 하나님이 성경을 인간의 매뉴얼로 주셨다면, 우리는 그것을 읽고 익히는 것을 통해 인간 존재의 신비와 수많은 가능성을 누릴 수 있지 않을까요? 인간이 하나님의 형상으로 지음을 받고 하늘에서 내려온 지혜를 선물로 받은 소중한 존재임을 깨닫는다면 우리의 삶의 내용은 훨씬 더 풍성해질 것입니다.

그런데 성경은 하늘에서 그냥 뚝 떨어진 것이 아닙니다. 그것은 인간의 치열한 삶의 현장 가운데, 죄와 갈등의 문제 속에서 나타났습니다. 이스라엘이 종살이하던 애굽 땅에서 벗어나 약속의 땅인 가나안으로 향해 가는 투쟁과 해방의 역사 속에서 하나님은 모세를 통해 그 매뉴얼을 작성하게 만드셨습니다. 모세뿐만이 아닙니다. 여호수아를 비롯해 많은 사사와 사무엘, 다윗, 그 뒤를 잇는 왕들, 예언자들이 역사의 현장 한가운데서 하나님의 음성을 듣고 기록했습니다.

첫 인간인 아담과 하와가 스스로 교만해져서 하나님께 대적했을 때, 하나님은 그들을 에덴동산에서 쫓아내셨지만 인간을 향한 끈을 결코 놓지 않으셨습니다. 인간이 하나님께 다시 돌아올 수 있는 길, 회복할 수 있는 길을 열어 주셨습니다. 그것이 바로 구약에 나타나는 하나님의 구원 역사입니다.

다양한 방법으로 찾아오시는 하나님

하나님은 여러 가지 경로로 그분 앞에 나아가는 길을 열어 주셨습니다. 먼저 하늘과 땅에 만드신 자연 피조물을 통해 인간은 하나님을 알고 느낄 수 있습니다.

창세로부터 그의 보이지 아니하는 것들 곧 그의 영원하신 능력과 신성이 그가 만드신 만물에 분명히 보여 알려졌나니 그러므로 그들이 핑계하지 못할지니라(롬 1:20).

하나님의 영광과 거룩한 신성이 만물 속에 깃들어 있다는 말씀입니다. 하늘과 땅, 거대한 자연을 보면서 하나님의 놀라운 솜씨를 느껴본 적이 있습니까? 다음은 자연을 보며 하나님을 인식하기 시작한 한 사람의 고백입니다.

나는 갑자기 내가 숨을 쉴 수 있다는 것이 감사했습니다. '아직도 내 심장이 뛰고 있구나' 하는 생각에 감격했습니다. 그래서 밖으로 나갔습니다. 밤하늘에는 별들이 가득했습니다. 저 높은 곳에 계신 하나님을 향해 "주님!"이라고 크게 소리쳤습니다. 아침에 떠오르는 태양이 나를 위한 하나님의 선물처럼 느껴졌습니다. 들에 핀 꽃들을 보면서 하나님의 솜씨에 감탄했습니다. 그때 갑자기 들리지 않던 새소리가 들렸습니다. 바람 소리, 물 흐르는 소리가 내게 들렸습니다. 보고 듣는 모든 것이 하나님이 만드신 창조 세계임을 깨달았습니다. 내 영혼이 기쁨으로 솟구치고 주님을 향한 감사 찬양이 저절로 입에서 튀어나왔습니다.

이 사람은 하나님이 만드신 자연을 보면서 하나님의 미세한 음성을 영적으로 들을 수 있는 기쁨을 맛보았습니다. 온몸의 감각으로 하나님과 그분의 손길을 느끼기 시작한 것입니다.

구약에는 하나님이 꿈과 환상을 통해 그분의 뜻을 가르쳐 주시는 이야기들이 나옵니다. 특히 '꿈쟁이'로 일컫는 요셉의 이야기는 꿈을 통해 말씀하시는 하나님을 보여 줍니다.

> 요셉이 그들에게 이르되 청하건대 내가 꾼 꿈을 들으시오 우리가 밭에서 곡식 단을 묶더니 내 단은 일어서고 당신들의 단은 내 단을 둘러서서 절하더이다…요셉이 다시 꿈을 꾸고 그의 형들에게 말하여 이르되 내가 또 꿈을 꾼즉 해와 달과 열한 별이 내게 절하더이다 하니라(창 37:6-7, 9).

요셉은 꿈 때문에 형들에게 미움을 받습니다. "아니, 우리가 형인데 너한테 절을 한다고? 이 못된 놈!" 결국 요셉은 형들에 의해 애굽으로 팔려가고 그때부터 고난이 시작되었습니다. 그런데 놀랍게도 그는 종의 신분으로 억울한 감옥살이를 하면서도 꿈 때문에 견딜 수 있었습니다. '하나님이 내 인생을 새롭게 열어 주실 거야. 하나님은 나에게 복을 주실 거야!' 그 꿈이 요셉을 움직이는 강력한 원동력이 된 것입니다.

또한 때로는 하나님이 천사의 모습, 미천한 동물, 다른 사람의 말을 통해 찾아오셨습니다. 그러한 방법을 통해 믿음의 사람들에게 하나님의 뜻을 보여 주신 것입니다. 다른 말로 하늘의 신탁을 맡겨 주신 것입니다. 하나님의 말씀을 받은 자들은 모두 하나님의 영에 붙잡힌 사람들이었습니다. 히브리서 11장에는 노아, 아브라함, 이삭, 야곱, 모세, 다윗과 같은 믿음의 인물이 나옵니다. 그리고 성경에는 그들과 같은 수많은 믿음의 증언자가 하나님의 말씀을 받고 순종했다고 분명히 나와 있습니다.

사람으로 오신 말씀

그렇다면 왜 하나님은 다양한 방법을 통해 우리에게 찾아오시는 것일까요? 우리에게 원하시는 것이 무엇일까요? 대답은 간단합니다. 인간답게 살라는 것입니다. 즉 세상 속에서 하나님이 주신 자유를 누리며 살라는 것으로, 세상이 주는 두려움 속에서 떨지 말고 강하고 담대하게 살라는 것입니다. 성경은 우리에게 끊임없이 하나님이 우리를 얼마나 사랑하시는지, 그분이 얼마나 우리와 함께하며 교제하기를 원하시는지, 하늘의 축복과 생명을 우리에게 넘치도록 부어 주기를 원하시는지 가르쳐 줍니다.

본문은 모세라는 걸출한 지도자의 뒤를 이어 약속의 땅 가나안으로 나아가는 여호수아에게 임한 하나님의 말씀입니다. 여호수아는 대단한 인물이었지만 새로운 약속의 땅, 미지의 세계를 향하는 데 두려움이 있었습니다. 무엇보다 그는 위대한 지도자 모세의 후계자로 그 일을 감당하는 것이 얼마나 힘든 일인지를 알고 있었습니다. '모세 없이 어떻게 그 땅에 들어갈 수 있을까?' 여호수아는 몹시 두렵고 떨렸습니다.

바로 그때 하나님이 여호수아에게 다가오셔서 강하고 담대하라고 말씀하셨습니다. 두려워하지도, 떨지도, 놀라지도 말라는 것이었습니다. 그리고 그분이 마련해 주신 새로운 세계를 향해 들어가라고 말씀하셨습니다.

하나님이 우리에게 하시는 말씀도 다르지 않습니다. 강하고 담대하라는 것입니다. 치열한 세상 속 수많은 장벽이 우리를 가로막고 낙담할 수밖에 없는 상황에서도 강하고 담대하라고 말씀하십니다. 즉 주저앉지 말라는 것입니다. 그러면 도대체 우리는 어떻게 강하고 담대해질 수 있을까요?

하나님은 말씀을 인생의 중심에 놓는 것, 그것뿐이라고 가르치십니다. 말씀을 떠나서 오른쪽이나 왼쪽으로 가거나 세상 가운데 헤매지 말고 하나님의 말씀을 인생의 중심에 놓으라고 말씀하십니다.

> 오직 강하고 극히 담대하여 나의 종 모세가 네게 명령한 그 율법을 다 지켜 행하고 우로나 좌로나 치우치지 말라 그리하면 어디로 가든지 형통하리니 (수 1:7).

"우로나 좌로나 치우치지 말고 내가 종 모세에게 전한 이야기를 너도 너의 인생 한가운데 품고 살아라"는 말씀입니다. 그와 더불어 하나님은 길을 열어 주겠다고 약속하십니다.

우리가 지금 신약 시대에 살고 있는 것은 큰 축복입니다. 신약 시대에는 하나님이 그분의 말씀을 볼 수 있고 들을 수 있고 만질 수 있는 모습으로 이 땅에 보내 주셨기 때문입니다. 바로 예수 그리스도입니다. 예수님은 가장 확실한 인간에 대한 매뉴얼입니다.

옛적에 선지자들을 통하여 여러 부분과 여러 모양으로 우리 조상들에게 말씀하신 하나님이 이 모든 날 마지막에는 아들을 통하여 우리에게 말씀하셨으니 이 아들을 만유의 상속자로 세우시고 또 그로 말미암아 모든 세계를 지으셨느니라(히 1:1-2).

옛 선지자들에게는 여러 모양과 방법으로 말씀을 주셨지만, 마지막 때에는 아들을 이 땅에 보내셔서 친히 말씀하신다고 하셨습니다. 즉 우리는 인격으로, 사람으로 오신 하나님의 말씀을 받게 된 것입니다.

말씀이신 예수 그리스도

'신앙'이란 위에서 내려오는 것이고 미래에서 다가오는 것입니다. 그것이 다른 어떤 것과도 비교할 수 없는 기독교 신앙의 탁월성입니다. 그리고 나를 찾아오시는 하나님은 성경의 중심 주제이기도 합니다.

> 말씀이 육신이 되어 우리 가운데 거하시매 우리가 그의 영광을 보니 아버지의 독생자의 영광이요 은혜와 진리가 충만하더라(요 1:14).

예수 그리스도는 하나님의 계시 그 자체요 살아 있는 인격으로서의 말씀입니다. 그런 점에서 우리는 성경을 사랑하는 마음으로 읽어야 합니다.

디트리히 본회퍼(Dietrich Bonhoeffer) 목사는 성경을 묵상하고 읽는 것에 대해 "사랑하는 사람의 말은 분석하지 않고 그 말 그대로 받아들이듯이 성경의 말씀을 그대로 받아들이고 마음속에서 음미하십시오"라고 권면합니다.

성경을 읽다 보면 난해한 단어나 복잡한 구문을 만나 '성경은 왜 이렇게 어려울까' 싶기도 합니다. 말씀을 외우려고 애쓰지만 그것도 쉽지 않습니다. 그러나 그래도 괜찮습니다. 우리는 성경 속에서 살아 계신 하나님, 우리에게 인간으로 오신 예수님, 그분의 사랑과 그분의 은총만 볼 수 있으면 됩니다. 그 속에 하나님의 뜻과 계획이 있기 때문입니다.

우리는 이 세상이 얼마나 치열하게 움직이는지 알고 있습니다. 이런 세상 속에서 담대한 하나님의 사람으로 살아가는 방법은 하나님의 말씀을 우리 삶의 중심에 놓는 것입니다. 그것을 위해 성경을 읽으면서 말씀이신 예수 그리스도를 내 마음의 왕좌에 모셔야 합니다. 그때 하나님이 우리를 통해 일하시고 우리의 길을 새롭게 열어 주실 것입니다.

인간으로 오신 예수 그리스도, 말씀이신 예수 그리스도를 사랑하십시오. 그러면 두려움이 사라지고 새 생명을 얻게 될 것입니다. 그분을 마음속에 모시면 하나님이 우리의 삶을 한 걸음씩 새롭게 인도해 주실 것입니다.

3장
그토록 기다리던 분으로 오시다

예루살렘에 시므온이라 하는 사람이 있으니 이 사람은 의롭고
경건하여 이스라엘의 위로를 기다리는 자라 성령이 그 위에
계시더라 그가 주의 그리스도를 보기 전에는 죽지 아니하리라 하는
성령의 지시를 받았더니 성령의 감동으로 성전에 들어가매 마침
부모가 율법의 관례대로 행하고자 하여 그 아기 예수를 데리고
오는지라 시므온이 아기를 안고 하나님을 찬송하여 이르되 주재여
이제는 말씀하신 대로 종을 평안히 놓아 주시는도다 내 눈이 주의
구원을 보았사오니 이는 만민 앞에 예비하신 것이요 이방을 비추는
빛이요 주의 백성 이스라엘의 영광이니이다 하니 그의 부모가 그에
대한 말들을 놀랍게 여기더라 시므온이 그들에게 축복하고 그의
어머니 마리아에게 말하여 이르되 보라 이는 이스라엘 중 많은
사람을 패하거나 흥하게 하며 비방을 받는 표적이 되기 위하여
세움을 받았고 또 칼이 네 마음을 찌르듯 하리니 이는 여러 사람의
마음의 생각을 드러내려 함이니라 하더라

 누가복음 2장 25-35절

기다림을 잃은 시대

한국 사람들이 앓고 있는 심리적인 질병 두 가지가 있습니다. 하나는 조급증이고 다른 하나는 화병입니다. 어쩌면 60세 이상인 사람은 모두 화병을 조금씩 앓고 있을지도 모를 정도입니다.

그런데 요즘은 옛날보다 화병을 앓는 사람이 줄어드는 추세입니다. 하고 싶은 말을 마음속에 담아 두지 않고 입으로 토해내는 시대이기 때문입니다. 이 시대는 감정을 표현하는 것을 당연한 것으로 여깁니다. 그러다 보니 화병은 줄어든 것 같지만 대신 다투는 일이 많아졌습니다. 옛날에는 참던 것을 더 이상 참지 않기 때문입니다.

이렇듯 화병은 줄었지만 반대로 조급증은 늘어났습니다. 어떻게 보면 보편적인 국민의 정서가 되어 버렸습니다. 우리는 무의식중에 "빨리빨리"라는 말을 입에 달고 있습니다. 부모는 어린 자녀에게 "빨리 좀 일어나, 빨리 밥 먹고 학교 좀 가, 빨리 숙제해"라고 말합니다. 이 '빨리빨리'에 대한 요구는 자녀가 다 성장해도 달라지지 않습니다. "빨리 좀 결혼해, 빨리 아이 좀 낳아, 빨리 취직해서 돈 좀 벌어." 가만히 보면 빨리 죽으라는 말만 빼고 무엇이든 빨리 하라고 독촉하는 것 같습니다.

또 우리나라처럼 퀵 서비스가 발달한 나라가 어디에 있습니까? 자장면 한 그릇도 어디든지 초고속으로 배달됩니다. 외국인이 보면 혀를 내두를 지경입니다. 운전을 할 때도 앞차가 천천히 가면, "저 차는 왜 빨리 안 가고 늦장을 부리냐"라고 투덜댑니다. 남의 차가 나보다 빨리 가기라도 하면 갑자기 화가 나서 더 빨리 운전을 합니다. 우리 사회에 다양한 속성학원이 이러한 '빨리빨리'의 정서를 보여 줍니다.

조급증의 문제는 기다림이 없다는 것입니다. 그러다 보니 사람들은 쉽게 지치고 금방 불안해합니다. 일이 빨리 진행되지 않으면 괜히 화가 나고 신경이 예민해져서 작은 문제가 생겨도 철저하게 자기 방어를 하거나 반대로 공격적으로 대들게 됩니다. 쉽게 핏대를 올리고 아무에게나 신경질을 부립니다. 조금도 기다리지 못하기 때문입니다. 하지만 기독교는 기다릴 줄 모르는 세상의 정서와는 정반대의 신앙을 이야기합니다.

▎기다림에 담긴 소망

본문에는 이 땅에 오실 메시아를 오랫동안 기다렸던 '시므온'이라는 인물이 등장합니다. 네덜란드 출신 빛의 화가로 알려진 렘브란트(Rembrandt)의 "시므온의 노래"라는 그림을 본 적 있습니까? 그것은 매우 흥미롭고 놀라운 그림입니다. 백발이 성성하고 긴 수염이 난 시므온이 반쯤 감은 눈으로 지그시 아기 예수님을 바라보고 있습니다. '참으로 놀랍다. 내 오랜 기다림을 하나님이 성취시켜 주셨구나. 이 어린아이가 내가 그동안 기다리던 메시아인가?' 놀라움과 감동을 포함해 여러 가지 감정이 시므온의 표정에 담겨 있습니다. 어떻게 그렇게 섬세하게 그려낼 수 있는지 놀라울 뿐입니다. 시므온은 가슴 깊은 곳에서부터 울려나오는 기쁨을 이렇게 노래합니다.

주재여 이제는 말씀하신 대로 종을 평안히 놓아 주시는도다(눅 2:29).

기다림의 사람이었던 시므온이 이제는 평안히 눈을 감을 수 있게 되었습니다. 드디어 그의 눈으로 주님의 구원을 보았기 때문입니다. "하나님, 이제 제 영을 데려가셔도 괜찮겠습니다. 하나님의 아들의 위로를 기다리고 있었는데 그것을 허락해 주셨으니 말입니다. 로마제국의 엄청난 억압과 핍박 속에서 신앙의 자유와 나라를 잃어버린 이스라엘 백성에게 하나님은 구원의 역사를 베풀어 주셨군요."

공자는 "조문도 석사가의"(朝聞道 夕死可矣)라고 말했습니다. '아침에 도(道)를 들으면 저녁에 죽어도 여한이 없다'라는 뜻으로 그만큼 도를 듣고 실천하려는 뜨거운 열망이 있었다는 것입니다. 그런데 시므온의 기다림은 그보다 더 큰 것이었습니다. 평생 기나긴 것이었습니다.

시므온은 어둠의 세월 속에서 이스라엘 백성이 수백 년 동안 기다렸던 빛의 역사를 기다리며 많은 눈물을 흘렸을 것입니다. 렘브란트가 묘사한 이마에 깊게 패인 주름과 흰 머리카락, 길게 내려온 수염이 그가 지내온 믿음의 시간을 보여 줍니다. 그리고 그 인고의 세월을 지나 인생의 마지막에 이르렀을 때 하나님이 약속하신 메시아가 어머니 마리아의 품에 안겨 성전으로 들어온 것입니다. 드디어 그는 그토록 그리던 분을 만났습니다.

우리에게는 기다림의 영이 있습니까? 기다림의 영이 없는 인간은 인간답게 살 수 없습니다. 기다림이 없는 것은 소망이 없는 것이고 소망이 없는 것은 인생을 흘러가는 대로 살아도 괜찮다고 여기는 것입니다. 즉 기다림이 없는 것은 그만큼 소망, 삶에 대한 기대가 없다는 것입니다.

기다림만큼 인생에서 소중한 것이 있을까요? 기다리는 사람에게는 설렘이 있습니다. 기다릴 줄 아는 사람에게는 삶에 대한 만족함이 있습니다. 하지만 기다릴 줄 모르는 사람은 인생에서 절망하기 쉽습니다. 자신에게 주어질 축복을 잃어버린 채 살아가기 때문입니다.

임신한 여인은 열 달 동안 아기를 품고 있다가 출산을 합니다. 시험을 준비하며 열심히 공부한 학생이 합격의 기쁨을 누릴 수 있습니다. 이렇듯 기다림이 없으면 성취가 없고 기쁨과 감격도 없습니다. 길고 어두운 겨울밤을 지나야 찬란한 새벽을 맞이할 수 있는 것입니다. 봄에 수고하고 땀 흘리며 씨를 뿌려야 가을에 풍성한 수확을 거둘 수 있는 것과 같습니다.

기다릴 때 받는 축복

하나님은 우리에게 기다림의 영을 허락해 주셨습니다. 그것은 준비하는 영성이요, 하나님의 섭리와 은총을 신뢰하는 믿음의 영성입니다. 모든 신앙의 선배를 보십시오. 그들은 모두 기다림의 영을 가지고 있었습니다. 아브라함은 하나님이 약속하신 아들 이삭을 얻기 위해 25년 동안 기다렸습니다. 이스라엘 백성은 종살이 하던 애굽 땅에서 무려 400년 동안 기다렸습니다. 모세는 이스라엘 백성과 애굽 땅을 떠나왔지만, 약속의 땅 가나안에 들어갈 때까지 40년 동안 광야 생활을 해야 했습니다. 그것 또한 기다림이었습니다.

기다림은 하나님의 축복을 경험하는 데 필요한 자세입니다. 하나님은 창조주이자 역사의 주인입니다. 우리를 사랑하셔서 구원하기를 원하시는 분입니다. 우리는 그 하나님이 어둠의 역사를 뚫고 이 땅에 오실 그날을 기다리고 있는 것입니다. 그분은 바로 예수 그리스도입니다.

예수 그리스도는 어둠을 밝히는 빛의 하나님입니다. 죽음의 위협을 넘어선 생명의 하나님입니다. 죄 가운데 신음하는 사람들에게 은총을 베풀어 주시는 용서의 하나님입니다. 거짓과 불의가 넘치는 세상을 진리로 심판하시는 공의의 하나님입니다. 다툼과 갈등이 넘치는 세상에 하늘의 평화를 주려고 이 땅에 오신 평화의 하나님입니다.

시므온은 그 예수 그리스도를 보면서 하나님의 섭리와 은혜에 감사하는 마음으로 그 앞에 섰습니다. 그때 시므온의 놀람과 기쁨, 평안과 감사, 기대와 설렘이 바로 우리의 모습이 되어야 합니다.

나이가 들어 늙는 것이 낡음이 되지 않으려면 기다림이 있어야 합니다. 기다림이 있으면 늙는 것이 낡음으로 멈춰 서지 않습니다. 그래서 사도 바울은 "우리의 육체는 낡아지지만 우리의 영과 마음은 날로 새롭다"라고 말했습니다. 그에게는 영원한 생명의 하나님 앞에 나아가는 기다림이 있었기 때문입니다. 또한 하나님이 부활의 능력으로 우리를 다시 덧입혀 주신다는 마음속 소망이 있었던 것입니다.

시므온도 마찬가지였습니다. 마음속 소망이 있었기 때문에 오랜 기다림에도 새로울 수 있었습니다. 그래서 그는 아기 예수님을 만나고 마음속 소망을 노래합니다.

내 눈이 주의 구원을 보았사오니 이는 만민 앞에 예비하신 것이요 이방을 비추는 빛이요 주의 백성 이스라엘의 영광이니이다(눅 2:30-32).

그는 주님의 구원을 받았다고 합니다. 그리고 그것은 하나님이 온 세상 앞에 준비하신 것으로, 이방을 비추시는 빛이며 주의 백성 이스라엘의 영광이라고 말합니다.

▎그토록 기다리는 한 분

자신을 한번 돌아보십시오. 나이가 들었으니 소망이 다 끊어졌다고 생각합니까? 세상에서 실패해서 인생의 모든 것이 끊어졌다고 생각합니까? 사랑했던 사람이 나를 배반하고 떠났다고 인생의 모든 것이 무너진 것 같습니까? 아닙니다. 우리의 소망은 결코 끊어지지 않았습니다. 우리가 믿는 예수 그리스도, 우리가 사랑하는 하나님이 우리를 사랑으로 지켜보고 계십니다. 그것이 우리의 가장 큰 소망입니다.

우리에게 소망이 있기에 기다림이 있는 것입니다. 때로는 기다림이 이루어지지 않을 것 같아서 짜증이 날 때도 있습니다. 지루하고 화가 날 때도 있습니다. 그래서 하나님은 우리에게 예수 그리스도를 보내 주셔서 우리를 깨닫게 하셨습니다. 실망하고 낙담하면서 살지 말라고 말씀하십니다. 어두운 세상에 아들 예수 그리스도를 보냈으니 그분을 바라보며 다시 소망을 품고, 기다림의 영을 갖고 일어서라고 우리에게 말씀하시는 것입니다. 예수 그리스도 안에 치유와 회복, 평안의 기쁨, 세계의 소망이 있기 때문입니다.

우리가 기다려야 할 분이 있음을 잊지 마십시오. 여기서 중요한 사실은, 내가 하나님을 기다리는 것보다 하나님이 나를 더 기다리신다는 것입니다. 내가 죄인으로 하나님 앞에 감히 설 수 없는 부끄러운 사람이었을 때도 하나님은 나를 지켜보며 기다리셨습니다. 그리고 내가 주님 앞에 나아갈 때, 하나님은 탕자의 아버지처럼 나에게 달려와 나를 안아 주시고 하나님의 아들과 딸로 세워 주셨습니다. 나의 기다림보다 하나님의 기다림이 더 크다는 사실을 깨닫는 것이 복음이고 은혜입니다. 또한 그것을 알고 주님을 기다리는 것이 우리의 소망이고 믿음입니다.

다시 오실 주님을 기다리면서 내가 해야 할 것이 무엇인지, 주어진 삶의 자리를 축복의 현장으로 여기며 살아야 할 이유가 무엇인지 다시 한 번 생각해 보십시오. 그렇게 예수 그리스도를 가슴에 품고 살아갈 때, 우리의 삶은 기쁨과 감사로 차오를 것입니다.

참회의 기도

사랑의 하나님,
하나님 없이 스스로 인생의 주인인 것처럼
살 때가 많았습니다.
내 영혼에 주님이 계셔야 참된 평안이 있고
진정한 만족이 있다는 것을 알지 못했습니다.
그래서 내 영혼에 생명을 주지 못하는 것으로
삶을 채우는 데 열심이었습니다.
그것이 우리에게 더 큰 공허와 허무를 준다는 것을
너무 늦게야 깨달았습니다.

시선을 예수 그리스도께 돌이켜
내가 누구인지,
나를 사랑하시는 하나님이 어떤 분인지,
예수 그리스도가 왜 생명이고 진리이고 길인지를
깨닫게 하소서.
이제 말씀을 먹고 생명의 능력으로 사는
성령의 사람이 되게 하소서. 🌿

4장
우리와 함께하는 하나님으로 오시다

예수 그리스도의 나심은 이러하니라 그의 어머니 마리아가 요셉과
약혼하고 동거하기 전에 성령으로 잉태된 것이 나타났더니 그의
남편 요셉은 의로운 사람이라 그를 드러내지 아니하고 가만히
끊고자 하여 이 일을 생각할 때에 주의 사자가 현몽하여 이르되
다윗의 자손 요셉아 네 아내 마리아 데려오기를 무서워하지
말라 그에게 잉태된 자는 성령으로 된 것이라 아들을 낳으리니
이름을 예수라 하라 이는 그가 자기 백성을 그들의 죄에서 구원할
자이심이라 하니라 이 모든 일이 된 것은 주께서 선지자로 하신
말씀을 이루려 하심이니 이르시되 보라 처녀가 잉태하여 아들을
낳을 것이요 그의 이름은 임마누엘이라 하리라 하셨으니 이를
번역한즉 하나님이 우리와 함께 계시다 함이라 요셉이 잠에서 깨어
일어나 주의 사자의 분부대로 행하여 그의 아내를 데려왔으나
아들을 낳기까지 동침하지 아니하더니 낳으매 이름을 예수라
하니라

 마태복음 1장 18-25절

사람의 마음을 얻는 일

생텍쥐페리(Antoine de Saint Exupery)가 쓴 《어린 왕자》에 다음과 같은 이야기가 나옵니다.

어린 왕자가 여우에게 묻습니다. "세상에서 가장 어려운 일이 뭔지 아니?" 그러자 여우가 대답합니다. "글쎄요. 돈 버는 일? 밥 먹는 일?" 어린 왕자는 말합니다. "세상에서 가장 어려운 일은 사람이 사람의 마음을 얻는 일이란다. 각각의 얼굴만큼 다양한 각양각색의 마음을…한 순간에도 수만 가지의 생각이 떠오르는데 그 바람 같은 마음을 머물게 하는 것은 정말 어려운 거란다."

인간관계의 핵심은 어떻게 하면 사람의 마음을 얻을 수 있는지의 문제일 것입니다. 우리가 인간관계를 맺으면서 늘 상대방의 마음을 얻기 위해 노력하는 것을 보면 그 사실을 분명히 알 수 있습니다.

젊은이들은 사랑하는 사람의 마음을 얻기 위해 고민합니다. 부부가 잘 사는 비결도 마찬가지입니다. 남편이 아내의 마음을 얻고 아내가 남편의 마음을 얻을 수 있으면 그 부부는 행복할 것입니다. 또한 많은 사람이 치열한 직장 생활에서 상사와 동료들의 마음을 얻기 위해 노력합니다. 이렇듯 마음을 얻기 위한 노력은 눈에 보이는 관계뿐만이 아닙니다. 대기업들이 TV와 신문에 광고를 내는 이유는 그들의 제품을 소개하고 사람들의 마음을 얻기 위함입니다.

아버지께 돌아가는 길

하나님은 왜 인간의 모습으로 이 땅에 오셨을까요? 여러 가지 답이 있지만 이번에는 '인간의 마음을 얻기 위해서'라는 답으로 설명해 보고자 합니다. 하나님은 인간에게 하나님의 뜻을 알려 주고 우리와 인격적인 만남을 갖기 위해 인간의 모습으로 오셨습니다. "너희가 내 마음을 알아주었으면 좋겠다. 나도 너희의 마음을 받기 원한다." 이렇게 말해 주려고 우리와 같은 모습으로 이 땅에 오신 것입니다.

그런데 인간은 자꾸만 하나님의 마음을 모르고 떠나갑니다. 창세기부터 그런 내용이 나옵니다. 인간은 하나님의 뜻을 박차고 나갔습니다. 하나님과 상관없이 내 뜻과 욕심대로 살기를 원했던 것입니다. 결국 "나 혼자 살아도 괜찮겠다. 이제 하나님의 도움은 필요 없다"라고 선언한 것이 죄악의 역사의 시작입니다.

예수님의 비유에 나오는 탕자도 마찬가지였습니다. "아버지, 내게 재산만 주시면 당신의 역할은 끝납니다. 아버지 없이도 나는 인생을 멋지게 꾸려 나갈 수 있습니다." 아버지는 그렇게 말하는 아들의 모습을 보며 "얘야, 돌아오너라. 네가 아직 철부지라 그렇지, 본래는 나쁜 아이가 아니지. 너는 착한 아들이야. 그러니 이 아버지의 마음을 좀 알아다오"라고 말했습니다. 그리고 그 아들을 계속 기다립니다.

그런데 탕자는 돌아가지 않았습니다. 그는 그저 아버지가 없는 것이 즐겁고 아버지의 잔소리와 간섭이 없는 것이 좋았습니다. 모든 것이 자기 뜻대로 될 줄 알았습니다. 그러나 그 즐거움은 순간일 뿐, 곧 자기가 가진 돈이 떨어지고 건강도 잃고 찬란할 줄만 알았던 인생의 허무함을 경험하게 되자 비로소 아버지의 집을 기억하게 됩니다.

아버지는 한순간도 아들을 잊은 적이 없습니다. 아들이 떠나는 그때부터 아들이 돌아오기를 기다렸습니다. 그저 기다리는 것밖에는 할 수 있는 것이 없었기 때문입니다. 아들이 돈을 달라고 했을 때, 아버지는 돈을 주었습니다. 아들이 집을 나간다고 했을 때, 아버지는 말리지 않았습니다. 왜 그랬을까요? 아들에 대한 사랑이 없었기 때문일까요? 아닙니다. 아들이 스스로 깨닫고 마음을 결정하지 않으면, 아버지와 함께 있는 것이 얼마나 복된 일인지 스스로 알지 못하면, 결코 그의 마음이 돌아오지 않음을 알고 있었기 때문입니다.

본래 우리의 신앙이 그렇습니다. 스스로 잘나간다고 생각할 때는 하나님이 필요 없습니다. 하지만 여러 가지 일을 겪고 인생의 깊이를 알게 되면 하나님이 절실히 필요합니다. 그래서 인생의 높고 낮음과 인생의 한계를 알게 되면, 아버지가 필요하다는 사실을 깨닫고 돌아간 탕자처럼 하나님께 돌아가는 것입니다.

인간을 위해 움직이시는 하나님

본문을 보면 스스로 돌아오지 않는 아들을 위해 하나님이 직접 움직이기 시작하심을 알 수 있습니다. 집 나간 아들이 돼지가 먹는 쥐엄나무 열매 통에 입을 댈 만큼 낮아졌던 것처럼 이스라엘 백성도 처절하게 낮아져 비참한 상황이었습니다. 당시 그들은 정치적, 경제적, 사회적으로 피폐해져서 거대한 제국에 억눌린 채 살아야 했습니다.

이스라엘 백성의 역사는 종살이의 역사라고 해도 과언이 아닐 만큼 그들은 오랫동안 애굽의 종으로 살았습니다. 또한 앗수르의 침략으로 북이스라엘이 파멸당하고 바벨론에 의해 남유다도 붕괴되어 남은 백성은 바벨론의 포로로 잡혀갈 수밖에 없었습니다. 후에 예루살렘으로 귀환하지만 그것도 잠시뿐 다시 거대한 로마 제국의 억압 아래서 지내야 했습니다. 그 세월이 길었습니다. 하나님은 오랫동안 고통의 세월을 보낸 이스라엘을 보시고 이제 새로운 구원의 역사를 시작할 때가 왔다고 여기셨습니다. 그래서 예수 그리스도를 보내신 것입니다.

이스라엘은 우리의 모형입니다. 하나님은 별 볼 일 없는 작은 민족인 이스라엘을 택하셔서 "내가 너희의 하나님이 될 것이다. 너희는 내 백성이 될 것이다"라고 약속하셨습니다. 이스라엘은 하나님이 "내 백성, 내 사랑"이라고 부르실 만큼 사랑받는 자들이었습니다. 그래서 사랑의 모형입니다. 그런데 그들은 그토록 큰 사랑을 받으면서도 하나님을 자주 거역하고 배반했습니다. 그런 의미로 이스라엘은 하나님을 대적한 모형이기도 합니다. 하나님을 거부하는 그 모습이 우리의 모습과도 같습니다.

이제 하나님이 하나님의 역사를 새롭게 시작하려고 하십니다. 그 일을 위해 하나님께 필요한 것은 돈도, 능력도, 세상의 권력도 아니었습니다. 하나님의 마음을 아는 사람, 하나님은 바로 그 한 사람이 필요하셨습니다. 약속을 기다리는 사람, 하나님의 뜻에 마음을 열고 기다릴 줄 아는 사람이 필요하셨던 것입니다. 그래서 하나님은 요셉과 마리아를 찾아가셨습니다.

두 사람은 가난한 보통 사람이었습니다. 아내가 아이를 낳는데 여관방이 없다고 마구간에 들어가는 남자가 어디 있습니까? 그만큼 가진 것이 없는 처지였습니다. 그러나 그들에게는 엄청난 충격을 이겨내는 강한 정신력과 영적인 건강이 있었습니다. 마리아는 가브리엘에게 "처녀가 임신하리라"는 충격적인 말을 듣고 처음에는 거절합니다. 그러나 그것이 하나님의 계획과 약속이며 성령의 역사라는 말에 그 말씀을 받을 준비를 합니다.

요셉도 마찬가지였습니다. 약혼한 여자가 자기와 상관없는 아이를 낳게 된다는 이야기에 처음에는 놀라서 마리아와 만나면 안 되겠다고 생각했습니다. 그런데 하나님이 보내신 천사의 음성을 듣고 나서는 마음으로 그 일을 용납하게 됩니다. 하나님은 그런 믿음의 사람을 사용하신 것입니다.

인간의 마음을 얻으려는 하나님

그렇다면 믿음의 사람들을 통해 우리에게 보여 주시려는 하나님의 소원은 무엇일까요? 그것은 인간의 마음을 얻는 일입니다. 하나님은 우리와 사귀기를 원하십니다. 하나님이 이 땅에 오신 것은 우리를 지배하고 억누르고 벌주시려는 것이 아닙니다. 인간이 얼마나 사랑스럽고 소중한 존재인지를 알려 주고 싶어서 오신 것입니다.

연애를 할 때 사랑하는 사람을 만나면 가슴이 뜁니다. 같이 있는 것이 좋고 헤어지면 금방 보고 싶습니다. 그래서 함께 있기 위해 결혼을 합니다. 결혼할 때 사랑하는 신부가 너무 예쁘고 좋아서 보고 또 보는 것이 신랑의 마음입니다.

저는 성경을 읽다가 하나님이 나를 사랑하신다는 표현이 너무 실감나서 '어쩌면 하나님은 이렇게 나를 사랑하실까? 내가 하나님께 그렇게 소중한 존재일까?'라고 생각하며 감격했던 기억이 있습니다. 우리를 향한 하나님의 사랑이 성경에 이렇게 표현되어 있습니다.

신랑이 신부를 기뻐함 같이 네 하나님이 너를 기뻐하시리라(사 62:5).

참 멋진 표현 아닙니까? 마치 신부를 만나기를 고대하는 신랑처럼, 하나님이 우리를 그렇게 사랑하신다는 것입니다. 사랑에 푹 빠진 신랑이 신부를 넋 놓고 바라보는 모습처럼, 하나님이 우리 한 사람 한 사람을 그렇게 바라보신다는 것입니다. 바로 그것이 복음이고 은혜이며 하나님의 마음입니다.

성경의 다른 부분에도 우리를 바라보며 기뻐하시는 하나님의 모습이 나와 있습니다.

너를 잠잠히 사랑하시며 너로 말미암아 즐거이 부르며 기뻐하시리라 하리라(습 3:17).

하나님이 우리를 보시며 기쁨에 충만해져 노래를 부르신다는 것입니다. 이렇듯 눈물겹도록 우리를 사랑하시는 하나님의 모습이 성경 곳곳에 기록되어 있습니다.

우리를 사랑하시는 하나님이 마리아와 요셉을 통해 우리에게 찾아오셨습니다. 우리를 향한 하나님의 사랑을 가르쳐 주시기 위함입니다. 그런데 왜 마리아와 요셉이었을까요? 그리고 왜 낮고 낮은 말구유였을까요? 답은 한 가지입니다. 하나님은 인간이 지고 있는 삶의 문제에 동참하기를 원하셨던 것입니다. 하나님은 인간의 절망, 아픔과 슬픔, 가난과 죽음의 문제에 참여하기를 원하셨습니다. 보통 사람들이 힘들어하고 탄식하는 문제와 그들의 연약함에 연대하기를 원하셨던 것입니다.

그래서 하나님은 예수님께 그 경험을 직접 해보게 하십니다. 인간의 상처를 직접 당하고 인간의 눈물을 흘려 보게 하신 것입니다. 즉 예수님은 상처와 눈물의 자리를 통과하셨습니다. 그것을 위해 인간의 몸이 필요하셨던 하나님이 결국 스스로 인간이 되신 것입니다.

▎인간을 위해 낮아지는 사랑

누군가를 사랑하면 때로는 자유를 잃어버립니다. 스스로 자유를 유보하는 것입니다. 스스로 자신을 제한하거나 때로는 아주 축소해 버립니다. 상대방과 같은 눈높이가 되기를 원하기 때문입니다.

한 여인이 결혼해서 엄마가 되면 자기의 아름다움을 돌보기보다 아이를 사랑하고 키우는 일에 모든 관심과 애정을 쏟아붓습니다. 그것이 어머니의 사랑입니다. 그 사랑 때문에 우리가 존재합니다. 이렇듯 스스로 자기의 자유와 권리를 포기하는 것이 사랑입니다. 내가 낮아지는 대신 상대방은 높아지기를 원하는 것이 사랑의 속성입니다.

하나님은 어떤 분입니까? 솔로몬은 하늘의 하늘도 하나님을 담아낼 수 없다고 이야기했습니다. 다윗도 하나님의 높음을 자주 노래했습니다. 그런데 그 우주의 우주로도 담아낼 수 없는 하나님이 이 땅, 팔레스틴의 베들레헴이라는 작은 마을에 오셨습니다. 그리고 가축의 오물이 가득한, 냄새나는 마구간에, 그것도 장성한 사람이 아니라 가장 어리고 연약한 아기 예수님으로 이 땅에 오셨습니다.

즉 창조주가 피조물같이 되신 것입니다. 그분이 가장 비천하고 낮은 자리에 가장 연약한 모습으로 오신 이유는 한 가지입니다. 우리를 높이기 위해, 슬퍼하는 우리에게 기쁨을 주기 위해, 자신의 인생을 쓸모없이 여기는 우리에게 "너는 소중한 존재야"라고 이야기해 주기 위함입니다.

인간을 가장 슬프게 하는 것은 아마도 외로움일 것입니다. 허허벌판에 홀로 서 있는 것 같은 외로움을 경험한 적 있습니까? 아무도 내 곁에 없는 것, 아무도 내게 관심을 보이지 않는 것, 아무도 나를 위로해 주지 않는 것, 아무도 나를 사랑해 주는 사람이 없는 것, 믿었던 사람에게 배신당하는 것, 인생의 무대에서 엑스트라 같다고 느끼는 것 등으로 힘들어한 적 있습니까? 사실 그 외로움이 우리를 절망하게 하고 죽음까지 생각하게 합니다.

그런데 하나님이 그런 인간의 외로움을 알고 직접 찾아오셨습니다. 그리고 우리에게 말씀하십니다. "내가 있다. 너와 함께 있다. 너는 아무것도 아닌 존재가 아니라 값지고 소중한 존재란다. 너는 사랑받아야 마땅한 사랑스러운 존재야."

보라 처녀가 잉태하여 아들을 낳을 것이요 그의 이름은 임마누엘이라 하리라 하셨으니 이를 번역한즉 하나님이 우리와 함께 계시다 함이라(마 1:23).

'예수'라는 이름은 '구원자'라는 뜻입니다. 그리고 예수님의 또 다른 이름은 '임마누엘'입니다. 구원자와 임마누엘이 도대체 무슨 관계가 있는 것일까요? 어린아이를 생각하면 쉽게 이해할 수 있습니다. 어린아이가 태어났는데 어머니와 아버지가 모두 죽으면 우리는 그 아이를 '고아'라고 합니다. 너무나 불쌍한 그 아이에게 사랑해 줄 사람 없이 혼자인 것은 파멸과 같습니다. 반대로 아이 옆에 어머니와 아버지가 있는 것은 그 아이에게 구원이자 생명이요, 은혜이자 축복입니다. 우리도 마찬가지입니다. 하나님이 없으면 파멸이고 심판이지만 하나님이 우리와 함께 계시면 생명이고 구원입니다.

우리와 함께하시는 예수님

우리는 예수님의 이름을 부르며 살아야 합니다. 그분이 바로 하나님의 아들이고 우리와 함께 계시는 하나님이기 때문입니다. 하나님은 예수님 안에 계십니다. 그분은 우리를 위해 이 땅에 오셨고 십자가에 달려 죽으실 정도로 우리를 사랑하셨습니다. 그것이 복음입니다.

임마누엘 하나님은 언제나 우리와 함께하신다고 약속하셨습니다. "애야, 너는 별 볼 일 없는 존재가 아니야. 너는 인생의 엑스트라가 아니라 주인공이란다. 내가 함께하는 소중한 존재야." 바로 그것이 주님이 이 땅에 오셔서 우리에게 알려 주시는 사실입니다. 그리고 여기서 우리가 반드시 들어야 할 하나님의 말씀이 있습니다.

"지금까지 너는 무엇을 의지하면서 살았니? 돈이나 세상의 명예 또는 권력이 네 인생의 목표이지 않았니? 또 네가 그동안 사람을 얼마나 많이 의지했니? 하지만 그럴 때마다 네가 흔들리는 것을 경험하지 않았니? 사람에게 네 인생의 신뢰를 두어 네가 얼마나 많은 슬픔과 고난을 경험했니? 이제는 나를 의지하고 신뢰하렴. 아들까지 내어 준 내가 너와 함께한다는 사실을 믿고 네 인생을 새롭게 시작하렴."

'하나님이 언제나 우리와 함께하신다'라는 말의 뜻은 우리의 마음을 열라는 것입니다. 숙인 고개를 들고 움츠러든 가슴을 펴고 주님과 함께 세상을 향해 당당하게 나아가라는 하나님의 초청입니다. 그것이 바로 하나님이 예수 그리스도를 이 땅에 보내 주신 이유입니다.

우리가 만날
예수

참회의 기도

사랑의 하나님,
우리의 영혼이 가뭄에 타는 대지처럼 갈라졌는데도
영혼의 목마름을 느끼지 못했습니다.
영적인 갈급함을 느껴도 모른 척 지나갔습니다.
육체적 허기를 느끼면 먹고 마실 것에 안달하면서도
정작 영혼의 굶주림과 목마름은 외면했습니다.

이제는 내 영혼의 지침인 말씀을 따라 살기 원합니다.
말씀 속에서 인간으로 오신 예수님을 보게 하소서.
우리의 주님이신 예수님을 진정으로 사랑하게 하소서.

5장
부모의 품에서 자라시다

그의 부모가 해마다 유월절이 되면 예루살렘으로 가더니 예수께서
열두 살 되었을 때에 그들이 이 절기의 관례를 따라 올라갔다가
그날들을 마치고 돌아갈 때에 아이 예수는 예루살렘에 머무셨더라
그 부모는 이를 알지 못하고 동행 중에 있는 줄로 생각하고
하룻길을 간 후 친족과 아는 자 중에서 찾되 만나지 못하매
찾으면서 예루살렘에 돌아갔더니 사흘 후에 성전에서 만난즉
그가 선생들 중에 앉으사 그들에게 듣기도 하시며 묻기도 하시니
듣는 자가 다 그 지혜와 대답을 놀랍게 여기더라 그의 부모가
보고 놀라며 그의 어머니는 이르되 아이야 어찌하여 우리에게
이렇게 하였느냐 보라 네 아버지와 내가 근심하여 너를 찾았노라
예수께서 이르시되 어찌하여 나를 찾으셨나이까 내가 내 아버지
집에 있어야 될 줄을 알지 못하셨나이까 하시니 그 부모가 그가
하신 말씀을 깨닫지 못하더라 예수께서 함께 내려가사 나사렛에
이르러 순종하여 받드시더라 그 어머니는 이 모든 말을 마음에
두니라 예수는 지혜와 키가 자라가며 하나님과 사람에게 더욱
사랑스러워 가시더라

 누가복음 2장 41-52절

불안정한 청소년 시기

"만약 청소년 시절로 다시 돌아가면 어떨까요?"라는 질문에 여러분은 어떤 생각이 듭니까? 철부지였지만 순수한 우정이 있었던 그때를 추억하며 가슴이 따뜻해집니까? 아니면 오싹한 기분이 듭니까? 한편 '절대로 그 시절로 돌아가고 싶지 않다. 매번 시험을 치르는 악몽, 치열한 경쟁을 떠올리기도 싫다!'라고 생각하는 사람이 있을지도 모릅니다.

청소년기는 분명 위험한 시기입니다. 왜냐하면 성장통을 앓기 때문입니다. 청소년기에는 혼자 있어도 속에서 끓어오르는 갈등을 경험합니다. 또 사람 사이에서 치이고 시달리는 까닭에 스스로 샌드위치 신세라고 여기며 불평하기도 합니다.

그러한 갈등 때문에 청소년 시절을 보내는 이들은 방황합니다. 자기 속에 있는 위대함과 비천함을 동시에 보기 때문입니다. 꿈이 있지만 실현하지 못하는 현실을 탓하고, 활활 타오르는 욕망을 실현할 길이 없어 답답해합니다. 부모 밑에 있어야 자기의 삶이 영위된다는 것과 개인적인 힘으로 세상에 뛰어드는 것이 불가능하다는 것도 알고 있습니다. 그럼에도 어떻게든 부모의 간섭에서 해방되고 싶은 충동이 솟구칩니다. 그런데 청소년기에 겪는 그런 갈등과 위기는 인간뿐만 아니라 살아 있는 모든 존재가 겪는 성숙의 과정이라고 할 수 있습니다.

동물의 세계를 보면 그들도 인간 못지않게 새끼를 소중하게 키웁니다. 부모는 새끼에게 생존 능력을 가르칩니다. 그리고 어느 정도 새끼들이 자라면 그들을 매몰차게 내쫓습니다. 마치 "이제 독자적으로 살아라"고 말하는 것 같습니다.

하지만 인간은 조금 다릅니다. 자녀가 청소년이 되어도 부모에게는 그저 아이입니다. 생각과 행동이 아직 유치하고 미숙하기 때문입니다. 그런데 그렇다고 어린아이라고 하기에는 어른 티가 납니다. 의견을 내세우며 자기 뜻대로 하려 하고, 그것이 받아들여지지 않을 때는 부모에게 대들기도 하기 때문입니다.

자녀의 성장과 성숙

저도 자녀를 키우면서 '아이들이 어떻게 청소년 시기를 잘 극복할 수 있을까' 하는 과제를 품고 있었습니다. 그러면서 늘 두 가지를 생각했는데, 하나는 '어떻게 하면 부모의 권위를 인정하고 부모에게 순종하는 자녀로 키울 수 있을까?'이고 다른 하나는 '어떻게 하면 위축되지 않고 자율적인 인간으로 키울 수 있을까?'였습니다.

그것은 하나님이 인간을 키우는 마음이기도 합니다. '애야, 너 하나님 좀 알아라. 하나님을 경배해라.' 하나님은 우리가 그분을 인정하기를 바라지만 결코 강요하지 않으십니다. 우리가 자발적이고 자율적으로 하나님을 따라가며 그분이 주신 삶을 누리기를 원하십니다. 그러나 대부분의 부모는 자녀를 오랫동안 쥐고 자녀가 꼼짝 못하기를 원하는 것 같습니다. 그런데 그것은 좋은 태도가 아닙니다. 자녀가 자라면 놓을 줄 알아야 합니다. 그래야 자녀가 성숙해집니다.

아들을 너무나 사랑하는 어머니가 있었습니다. 그녀는 아들이 사랑하는 여인을 만나 결혼하겠다는 말에 아들에게 이렇게 말했습니다. "너는 배신자야." 또 다른 여자가 자신의 아들을 사랑하는 것이 편하지 않았던 것입니다. 사랑할수록 자녀들이 떠나는 것을 더 크게 실감하게 됩니다. 따라서 부모는 언젠가 자녀들이 떠난다는 사실을 인지하고 준비해야 합니다. 그때를 준비하며 자녀를 키워야 하는 것입니다.

자녀를 향한 부모의 진정한 목표는 무엇일까요? '내 아들과 딸이 어떻게 성숙한 인간이 될 수 있을까? 어떻게 자기 삶을 스스로 영위할 줄 아는 인간이 될까? 어떻게 하늘에서 받은 사명을 잘 감당하는 존재가 될까?'와 같은 질문이 성숙한 부모가 자녀를 생각하면서 갖는 진정한 소원입니다. 자녀의 성장과 성숙이 모든 부모의 목표인 것입니다.

우리는 예수님을 통해 성숙의 과정을 배웁니다. 예수님도 청소년 시절을 보내셨습니다. 본문은 성경에 유일하게 기록된 예수님의 12세 때 모습, 즉 소년 시절을 표현하는 구절입니다.

예수님에게 처음부터 '나는 하나님의 아들'이라는 인지가 있었던 것은 아닙니다. 석가모니가 태어나 "천상천하유아독존"(天上天下唯我獨尊)이라고 말한 것과는 아주 다릅니다. 예수님은 그냥 어린아이였습니다. 성경에는 예수님이 지혜와 키가 자라며 성장했다는 기록이 있습니다. 즉 예수님도 우리처럼 성숙의 과정을 겪은 것입니다.

그렇다면 예수님이 성숙한 청소년 시절을 보낼 수 있었던 비결은 무엇일까요? 먼저 예수님에게는 훌륭한 신앙의 어머니와 아버지가 계셨습니다. 비록 누추한 곳에서 가난하게 태어나셨지만, 그분에게는 진심으로 자녀를 사랑하고 하나님의 말씀으로 자녀를 키운 어머니, 아버지가 있었던 것입니다.

예수님의 신앙의 부모

유명한 독재자인 히틀러(Adolf Hitler)나 스탈린(Joseph Stalin) 같은 사람들의 생애를 연구한 이들은, 그들이 어렸을 때 부모에게 지독하게 학대를 당했다고 합니다. 그것이 그들을 수많은 사람을 죽이는 악한 독재자로 만들었다고 지적하기도 합니다. 아마 그 지적은 맞을 것입니다. 물론 어렸을 때 부모에게 채찍으로 맞았다고 모두 악독한 살인자가 되는 것은 아닙니다. 하지만 누군가 사랑하는 사람이 있거나 부모를 대신하는 보호자가 있었다면, 마음이 쉽게 왜곡되지 않았을 것입니다.

그런 점에서 신앙의 부모가 있다는 것은 매우 큰 축복입니다. 바로 그 축복이 예수님께 있었습니다. 예수님의 어린 시절을 보면 부모가 예수님을 신앙 가운데 이끌어 갔음을 알 수 있습니다.

> 그의 부모가 해마다 유월절이 되면 예루살렘으로 가더니 예수께서 열두 살 되었을 때에 그들이 이 절기의 관례를 따라 올라갔다가
> (눅 2:41-42).

유대 율법에 따르면 세 절기 즉 유월절, 오순절, 초막절에 이스라엘 남자들은 무조건 예루살렘 성전을 방문해야 했습니다. 그 중 유월절은 반드시 그렇게 해야 하는 절기로 일주일 동안 계속되었습니다.

유대인 남자는 6세가 되면 '쉐마'(Shema)라는 신명기 6장의 "너는 들으라" 말씀처럼, 말씀을 듣고 시편의 중요한 구절을 암송합니다. 그리고 10세가 되면 율법의 해석서인 '미쉬나'(Mishnah)를 읽고 배웁니다. 그 다음 13세가 되면 본격적으로 율법을 배울 수 있는 '율법의 아들'이 됩니다. 보통 남자아이들은 13세가 되기 1-2년 전에 부모와 함께 예루살렘 성전에 올라가서 '율법의 아들'이 되었을 때 취해야 할 행동을 미리 배웁니다. 예수님도 13세가 되

기 1년 전인 12세에 부모의 손에 이끌려 예루살렘 성전에 올라가셨습니다. 부모는 예수님에게 신앙을 전승하여 하나님을 만나는 경험을 주려고 한 것입니다.

그것은 매우 소중한 일입니다. 예수님의 부모처럼 우리도 그렇게 해야 합니다. 미성년자인 자녀가 있다면 그들의 신앙은 첫 번째로 부모의 책임입니다. 무엇보다도 먼저 말씀을 읽고 예배를 드리며 하나님을 사랑하는 것을 가르쳐야 합니다. 그렇게 하지 않으면 자녀가 하나님을 제대로 믿고 사랑할 수 없게 됩니다.

많은 부모가 종종 자녀들에게 "너 오늘은 교회 가는 것보다 학원 가는 것이 좋겠다. 말씀 읽는 것보다 일단 네 책이나 다 읽어라"고 말합니다. 먼저 세상의 경쟁에서 이기라고 자녀에게 충고하는 것입니다. 그런데 어린 시절 이러한 이야기를 듣고 자란 자녀는 그 말이 마음에 남아서 '아, 하나님보다 세상 출세가 먼저구나. 하나님께 예배드리는 것보다 공부하는 것이 우선이구나' 하고 생각하게 됩니다. 그런 마음으로는 하나님이 쓰실 만한 믿음의 사람이 될 수 없습니다.

▎어린 예수님의 영적 확신

또 하나, 예수님이 부모로부터 받은 축복은 자율권이었습니다.

유월절 절기는 이스라엘 백성이 종살이하던 애굽 땅에서 구원받았음을 기억하며 하나님께 예배드리는 축제입니다. 일주일 동안 계속되는 이 축제 기간에 예수님의 부모는 예수님을 자유롭게 해주었습니다. "너 스스로 돌아다녀라. 친구들과 성전에도 들어가고 랍비들이 어떻게 가르치는지, 제사는 어떻게 드리는지 가서 봐라." 그래서 일주일 동안 소년 예수님은 독자적으로 행동할 수 있었던 것입니다.

일곱 날이 지나고 예수님의 부모는 예수님이 고향 사람들과 함께 있으려니 생각하고 동료들과 함께 고향인 나사렛으로 돌아갔습니다. 그런데 하룻길을 걸어 잠자리에 들려고 보니 아들이 안 보이는 것입니다. 그리고 여러 사람에게 물어서 아들이 같이 오지 않았다는 이야기를 듣게 됩니다.

이제 부모는 아들 예수님을 찾기 위해 하룻길을 돌아가 예루살렘에 도착합니다. 그리고 축제가 끝난 지 3일 째 되던 날에 드디어 예수님을 만나게 됩니다. 예수님은 성전 안에서 랍비들과 함께 토론하고 계셨습니다.

> 사흘 후에 성전에서 만난즉 그가 선생들 중에 앉으사 그들에게 듣기도 하시며 묻기도 하시니(눅 2:46).

예수님의 어머니는 어떤 마음이었을까요? 우선은 화가 났을 것입니다. 또 사흘 동안 자녀의 소식을 알 수 없었으니 부모는 당연히 애가 탔을 것입니다.

> 그의 부모가 보고 놀라며 그의 어머니는 이르되 아이야 어찌하여 우리에게 이렇게 하였느냐 보라 네 아버지와 내가 근심하여 너를 찾았노라(눅 2:48).

"너는 어찌 그랬느냐? 우리가 얼마나 너를 염려했는지 알고 있느냐? 너를 얼마나 찾아다녔는지 네가 아느냐?" 하면서 꾸중했지만 그 마음이 전부는 아니었습니다. 한편으로는 아들이 대견했습니다. 12세밖에 안 된 아이가 랍비들과 함께 대화하는데도 막힘이 없는 모습을 보였기 때문입니다.

그런데 화난 어머니의 물음에 대한 예수님의 대답이 재미있습니다. "아이야 어찌하여"라고 묻는 어머니에게 "어찌하여 나를 찾으셨나이까 내가 내 아버지 집에 있어야 될 줄을 알지 못하셨나이까"라고 되묻는 것입니다.

어떻게 보면 그것은 어린 소년의 반항이나 부모와 아들의 충돌처럼 보이기도 합니다. 어머니의 꾸짖음에 잘못했다고 대답하지 않고 "어찌 나를 찾았습니까? 내가 아버지 집에 있는 것, 그것이 옳은지 모르셨습니까?" 하고 되묻고 있으니 말입니다.

하지만 그것은 반항도, 충돌도 아니었습니다. 성경에는 예수님의 어머니가 예수님의 그 말을 가슴에 새겼다는 기록이 있습니다. '네가 의지할 사람은 우리가 아니라 우리보다 더 크신 하나님이지' 하고 생각한 것입니다. 예수님은 육신의 부모보다 더 큰 아버지 하나님이 있다는 사실을 가슴에 새기고 계셨던 것입니다. 그것은 예수님의 영적인 독자성이고 영적인 민감성이며 영적인 확신이었습니다.

그렇다면 예수님은 부모를 만난 후 어떻게 하셨을까요? 계속 성전에 머물러 계셨을까요? 아닙니다. 예수님은 함께 내려가셨습니다. 예수님은 자발성도 있고 하나님에 대한 확신도 있었지만 아직 어린 나이라서 더 자라야 하셨습니다. 그래서 어머니와 아버지의 품속에 있기를 원하셨습니다. 성경에도 예수님이 나사렛에 이르러 부모를 순종하여 받들었다고 기록되어 있습니다. 그 구절을 통해 예수님이 아버지 하나님에 대한 인식이 있었을 뿐 아니라 육신의 부모에게도 순종하는 효자였음을 알 수 있습니다.

▌ 진정한 이해를 위한 공감

본문에서 더 생각해 보아야 할 것은 랍비들과 마주했을 때 예수님의 태도입니다. 예수님은 랍비들과 함께 앉아서 율법에 대한 그들의 말을 듣거나 그들에게 묻기도 하며 대답을 하셨습니다.

그 모습에 랍비들은 이렇게 반응합니다.

> 듣는 자가 다 그 지혜와 대답을 놀랍게 여기더라(눅 2:47).

예수님의 지혜가 놀랄 만큼 탁월했다는 것입니다. 예수님의 율법에 대한 해석이 랍비들보다 낫다는 것입니다. 어떻게 그것이 가능했을까요? 하나님을 아버지로 생각하고 하나님의 말씀에 그대로 몰입했기 때문에 말씀이 그 안에서 살아 움직인 것입니다. 즉 하나님의 아들이라는 정체성이 확실했기 때문에 율법 속에 나타난 하나님의 마음을 꿰뚫을 수 있었던 것입니다.

철학자인 칼 포퍼(Karl Popper)는 새로운 이해를 얻는 방법에 대해 이렇게 말합니다.

> 나는 사람이 새로운 이해를 얻을 수 있는 가장 유용한 방법이 '공감적 직관' 혹은 '감정 이입'이라고 본다. 문제 속으로 들어가서 그 문제의 일부가 되어 버리는 것이다.

내가 그 속에 들어가 함께하며 그 느낌에 참여하는 것이 공감적 직관, 혹은 감정 이입입니다. 바로 그것을 통해 새로운 이해를 얻을 수 있다는 것입니다. 또한 그것은 모든 분야에서 통합니다. 그 안에 깊이 들어가지 않으면 겉으로만 대충 볼 뿐이지만 내가 그 속에 들어가서 그 문제가 내 문제가 되면, 그때 비로소 새로운 인생의 지평이 열리는 것입니다. 예수님은 성경을 읽으면서 하나님을 자신의 하나님이라고 생각하셨습니다. 그리고 성경 속에 예수님 자신을 집어넣으셨습니다. 그랬더니 갑자기 성경이 살아 움직이기 시작한 것입니다.

모세의 이야기를 읽을 때 모세의 심정으로 그 안에 들어가 보십시오. 베드로의 이야기를 들을 때 베드로의 마음으로 그 속에 들어가십시오. 그때 예수님이 내게 다가오시고 하나님이 주신 말씀이 생명의 말씀임을 깨닫게 됩니다. 그것이 진정한 성경 읽기입니다. 그렇지 않으면 그저 수박 겉 핥기입니다. 수박이 아무리 잘 익었어도 겉만 만지고 핥으면 무슨 소용이 있습니까? 가운데를 잘라 빨갛게 익은 것을 한 입 먹어야 수박을 진짜 맛볼 수 있는 것입니다.

예수님은 그렇게 말씀을 배우고 하나님을 사랑하셨으며 하나님의 뜻을 깨달으셨습니다. 그 결과 12세 소년 예수님의 말에 랍비들이 모두 놀란 것입니다.

▌ 성장하는 성도

하나님의 눈으로 보면 성인인 우리도 청소년기를 지나는 아이와 같습니다. 아침에 굳게 결심했다가도 점심에는 그 결심이 사라져 버립니다. 아침에는 거룩하다가 저녁에는 탐욕스러운 인간이 됩니다. 그런 내 삶의 모습이 얼마나 뒤죽박죽일까요? 하나님의 눈에 우리는 아주 위험천만한 아이 같을 것입니다. 부모라면 모두 공감할 수 있듯이 자녀를 키우는 일은 너무나 어렵습니다. 하나님도 마찬가지일 것입니다. 나 같은 인간을 만나 사랑하시는 것이 얼마나 어려우실까요? 내가 나를 보면 알지 않습니까?

그런데 그 하나님이 우리에게 두 가지를 원하십니다. 첫째, 아버지 되시는 하나님의 권위를 인정하는 것입니다. "내가 하나님이다. 너를 사랑하는 나를 인정하고 예배하라. 내가 네게 축복을 주었으니 이 세상에 있는 것을 모두 누리고 즐거워하며 자율적으로 살아라." 둘째, 우리가 하나님의 사랑스러운 자녀임을 인식하는 것입니다. "심판을 받을까 겁내고 두려워하며 나를 섬기지 말고, 아들 예수 그리스도까지 보내 준 사랑을 기억하며 예수 그리스도의 이름을 붙들고 자유롭고 성숙한 자로 내가 기뻐하는 대로 살아라."

우리는 주님 앞에 설 때까지 계속 자라야 합니다. 성장은 그리스도인의 삶의 표지입니다. 따라서 이제는 '영적으로 성숙하기 위해 말씀 속에 들어가리라. 공감적 직관을 가지고 성경을 보리라. 그래서 살아 계신 예수 그리스도와 하나님과 접촉하리라'는 마음을 갖고 살아가야 합니다.

어정쩡하게 인생을 보내며 신앙생활 하지 마십시오. 하나님을 "아버지"라 부르고 예수님을 온전히 믿으십시오. 그래서 하늘에서 내려오는 기쁨의 은총을 마음껏 누리며 살아가는 하나님의 자녀가 되기를 바랍니다.

02

그분은
누구와 함께
계셨나

6장 가난한 자리에 계시다

7장 벗들과 잔치를 누리시다

8장 기쁨으로 충만하시다

9장 화를 내시다

10장 불쌍히 여기시다

6장
가난한 자리에 계시다

이때에 예수께서 갈릴리로부터 요단 강에 이르러 요한에게 세례를 받으려 하시니 요한이 말려 이르되 내가 당신에게서 세례를 받아야 할 터인데 당신이 내게로 오시나이까 예수께서 대답하여 이르시되 이제 허락하라 우리가 이와 같이 하여 모든 의를 이루는 것이 합당하니라 하시니 이에 요한이 허락하는지라 예수께서 세례를 받으시고 곧 물에서 올라오실새 하늘이 열리고 하나님의 성령이 비둘기 같이 내려 자기 위에 임하심을 보시더니 하늘로부터 소리가 있어 말씀하시되 이는 내 사랑하는 아들이요 내 기뻐하는 자라 하시니라

마태복음 3장 13-17절

인생의 밑바닥 경험

오래전 뮤지컬 영화인 〈레미제라블〉을 보았습니다. 영어로는 'Les Miserables'로 제목처럼 불쌍하고 비참한 자들에 대한 이야기입니다. 배고픈 조카를 위해 빵 한 조각을 훔쳤다가 19년 동안 감옥 생활을 하고 풀려난 '장발장'을 중심으로 이야기가 진행되는데, 여기에 프랑스 혁명 시대의 사회적 상황이 함께 나타납니다.

영화는 약자의 인권과 그들이 소중하게 여기는 것을 짓밟는 사회적 불의와 제도적인 모순을 지적합니다. 권력을 가진 자들이 법이나 질서라는 이름으로 어떻게 민중을 착취하고 억압했는지 보여 줍니다. 그래서 영화를 통해 부조리한 사회에서 가진 것 없이 살아가는 사람들의 애환과 슬픔을 느꼈습니다. 또한 격동하는 사회의 위기 속에서 어떻게 인간의 존엄성을 되찾을 수 있는지 직간접적으로 깨닫기도 했습니다.

영화처럼 많은 사람이 인생의 밑바닥을 경험해 봤을 것입니다. 때로는 사회적 밑바닥일 수 있고 또 다른 경우는 삶의 실존적 밑바닥, 즉 영혼의 밑바닥일 수도 있습니다. 그런데 그런 밑바닥 경험은 성장과 성숙의 원동력이 되기도 합니다. 또한 인류사에서 거대한 발전의 시작이 될 수도 있습니다. 물론 모든 사람에게 늘 그런 것은 아닙니다. 밑바닥에서 신음하며 이름도, 소리도 없이 사라진 사람이 얼마나 많습니까?

또한 우리 사회는 어떻습니까? 버림받은 사람들이 주위에 많습니다. 특히 북녘의 백성을 생각할 때면 마음이 너무 아픕니다. 혹독한 추위를 어떻게 견딜지, 극심한 배고픔을 어떻게 감당할지, 그저 안타까운 마음뿐입니다.

▌ 축복이 시작되는 인생의 밑바닥

밑바닥을 친 인생은 결코 축복이 아니지만 축복의 시작은 될 수 있습니다. 예수님이 그 사실을 우리에게 가르쳐 주셨습니다. 예수님은 시작 자체가 밑바닥이셨습니다. 그분이 아무도 알아주지 않는 비천한 자리에서 출발하셨기에, 이 땅에서 고통받으며 밑바닥 인생을 사는 사람들에게 희망과 소망을 불어넣어 주실 수 있는 것입니다.

본문에는 예수님의 공생애 시작이 이렇게 나옵니다.

> 예수께서 세례를 받으시고 곧 물에서 올라오실새 하늘이 열리고 하나님의 성령이 비둘기같이 내려 자기 위에 임하심을 보시더니 (마 3:16).

놀라운 말씀입니다. 하늘이 열렸다는 것입니다. 예수님이 하나님의 마음을 움직여서 그동안 닫혀 있던 하늘을 열리게 하신 것입니다. 인간의 죄악과 반역이 커지고 인간이 하나님을 적대하며 우상숭배를 하자 하나님은 인간에게 주시던 축복의 역사를 멈추셨습니다. 그래서 하늘은 닫혔고 더는 인간이 하늘과 통할 수도, 하나님과 만날 수도 없었습니다. 그런데 그 어렵고 힘든 역사 속에서 예수님이 새로운 하늘의 문을 열어 구원의 역사를 베푸신 것입니다. 언제 그 일이 일어났습니까? 성경은 '예수님이 세례를 받으실 때'라고 전합니다.

그러면 '예수님이 세례를 받았다'라는 말은 무슨 뜻일까요? 그것은 예수님이 낮아지셨다는 뜻으로 인간과 비슷한 처지가 되셨다는 의미입니다. 즉 예수님은 하나님의 아들이신데도 죄인처럼 자신을 내려놓고 인생의 밑바닥까지 내려오셨다는 것입니다.

인생의 바닥을 치면 절망하고 낙심하며 자신에 대한 기대도 사라지고 맙니다. 그래서 절망을 죽음에 이르는 병이라 하는 것입니다. 하지만 그럼에도 우리는 절망에서 희망을 볼 수 있습니다. 절망한다는 것은 역설적으로 아직 가슴에 희망을 품고 있음을 의미하기 때문입니다. 그렇다면 어떻게 절망 속에서 희망을 낚을 수 있을까요?

물론 인생에서 바닥을 쳤다고 다 올라가는 것은 아닙니다. 거기서 그냥 주저앉아 삶을 끝내는 사람도 많습니다. 바닥을 친 삶의 자리에서 다시 일어서는 방법은 신앙적으로 말해 예수님을 기억하는 것입니다. 예수님은 우리처럼 인생의 바닥을 치신 분입니다. 그분은 하나님의 아들이심에도 바닥을 치셨습니다. 바닥을 친 우리에게 희망을 주기 원하셨기 때문입니다.

왜 기독교 신앙은 죄와 죽음, 가난과 절망을 이야기할까요? 그것이 우리의 모습이기 때문입니다. 우리의 진면목을 그대로 드러내면서 우리가 현실에서 해방되는 것이 하나님의 뜻입니다. 그래서 기독교 신앙은 인생의 끝에서부터 새로운 것이 시작된다고 말하는 것입니다.

밑바닥에서 시작하신 예수님

예수님이 이 땅에 아기로 오신 자리는 빛나는 궁궐이 아니라 가축의 배설물 냄새가 나는 마구간이었습니다. 예수님이 죽음을 맞이하신 십자가도 모든 죄수가 저렇게 죽기는 싫다고 발버둥치는 죽음의 형틀이었습니다. 가장 비참한 자리였습니다.

예수님의 공생애의 시작도 마찬가지였습니다. 화려하게 등장한 것이 아니라 죄인의 모습으로 세례 요한에게 세례를 받으며 하나님 앞에 자신을 낮추셨습니다. 그러한 예수님의 모습은 우리에게 희망이 됩니다. "너희 밑바닥 인생들아, 하늘을 바라보는 자가 되어라. 아무것도 없다고 낙심하는 자들아, 예수 그리스도 안에서 소망을 품어라." 예수님은 그 사실을 우리에게 가르쳐 주기 위해 친히 죄인처럼 세례를 받으신 것입니다.

누구도 밑바닥 인생을 살고 싶어 하지 않습니다. 밑바닥은 더는 살 가치가 없다고 느끼는 곳이기 때문입니다. 하지만 역설적으로 인생에서 바닥을 치면 새로운 소망을 품을 수 있습니다. 자신의 삶을 돌아볼 수 있기 때문입니다. '내가 왜 여기까지 추락했을까? 왜 이런 고통의 자리에서 신음하게 된 것일까? 나의 문제는 무엇일까?' 하고 살피게 되는 것입니다. 그리고 그것을 통해 소망을 발견할 수 있습니다. 잘나가는 사람들의 문제는 바로 자신을 향한 '왜?'라는 질문이 없는 것입니다. 현재가 편안하니까 현재와 미래 모두 자신의 소유라고 착각하는 것입니다.

성경을 읽어 보면 하나님의 사람들의 이야기가 나오는데, 그들도 밑바닥 인생의 쓰라림을 경험한 것을 알 수 있습니다. 구약에 등장하는 요셉은 철부지 시절에 자신이 꾼 꿈을 형들에게 자랑했다가 그것 때문에 애굽의 노예로 팔려가서 밑바닥 인생을 경험했습니다. 그러나 그는 그 속에서 희망을 보았고 하나님을 만났습니다. 결국 그 밑바닥의 경험이 하나님께 모든 것을 맡기는 계기가 되었고 그 후 요셉은 인생의 변화를 경험하게 된 것입니다.

광야에서 40년간 유랑생활을 했던 모세도 비슷합니다. 그는 양치는 목동으로 40년 동안 허송세월하고 있었습니다. 그때 하나님이 모세의 마음속에 자신을 넘이 민족을 향한 소원을 품게 하셨습니다. 모세는 떨기나무 불꽃 가운데서 하나님을 경험하고 하나님께 자신의 인생을 맡기게 되었으며 민족의 지도자로 세워졌습니다. 하나님을 깨달았을 때, 바닥을 치던 그의 삶은 불쌍하고 비참한 민족의 아픔을 함께하는 축복의 삶으로 변한 것입니다.

예수님의 수제자였던 베드로도 마찬가지입니다. 그는 갈릴리 바다에서 고기를 잡는 어부로, 예수님을 만나기 바로 전날 밤에도 물고기를 잡기 위해 잠도 자지 않고 그물을 내렸습니다. 하지만 아무것도 얻지 못해서 '이렇게 살아도 되는 것일까? 이렇게 살다가 끝나는 것일까?'라고 생각하며 실존적 한계를 경험했습니다. 그런데 그때 예수님을 만났고 자신을 '사람 낚는 어부'가 되게 하시겠다는 예수님의 말씀을 따라 인생의 목적이 변했습니다.

세리 마태도 마찬가지입니다. 그는 자기 민족을 억압하는 로마제국의 앞잡이로 동족에게 세금을 걷어 로마에 바치는 인물이었습니다. 그런데 어느 날 '내가 이렇게 살면 안 되는데, 돈이 인생의 전부는 아닌데 이렇게 사는 것이 괜찮을까?' 하고 양심의 가책을 느끼게 됩니다. 그렇게 낙담하고 절망할 때, 예수님이 그를 찾아와 "나를 따르라"고 말씀하셨습니다. 그때부터 그는 예수님의 제자로서 새 삶을 살게 된 것입니다.

낮은 자리로 오신 예수님

본문에서는 수많은 사람이 세례 요한에게 다가옵니다. 그들은 민중이었습니다. 배고픈 자들, 스스로 살기 힘든 자들, 수고하고 무거운 짐 진 자들이었습니다. 사람들이 비아냥거리고 세상에서 소외당한 자들이었습니다. 또한 율법을 잘 지키지 못해서 율법주의 자들에게 '무지한 자, 버림받은 자'로 조롱받던 사람들이었습니다. 바로 그들이 지금 회개의 세례를 베푸는 세례 요한 앞에 온 것입니다.

예수님은 새로운 일을 시작하기 위해 준비하고 계셨습니다. 그분의 마음은 한 가지였습니다. '어떻게 하면 하나님의 마음을 기쁘게 할 수 있을까? 어떻게 하면 하나님의 마음에 합한 존재가 될 수 있을까?' 예수님은 사람들에 대한 하나님의 마음을 읽을 수 있었습니다. '내가 고난 속에 있는 백성, 밑바닥을 치며 죄와 어둠 속에서 사는 백성을 사랑스러운 나의 자녀로 만들고 싶구나. 네가 그들을 내 앞으로 이끌 수 있겠느냐?'

그런 하나님의 마음을 읽은 예수님은 이렇게 응답하셨습니다. '하나님, 제가 그들의 모습으로 그들 속에 들어가겠습니다. 죄인 된 그들 속에 들어가겠습니다. 제가 그들의 무거운 짐과 허물을 짊어지겠습니다.' 마음으로부터 해야 할 일을 확신한 예수님은 망설임 없이 갈릴리 나사렛에서 요단강으로 내려오셨습니다. 그리고 세례 요한에게 세례를 받으신 것입니다.

예수님은 요한의 세례를 통해 낮고 낮은 자리로 내려가 사람들의 처지에 동참하셨습니다. 민족의 죄악을 함께 나누며 백성의 허물 속에 그분 자신을 빠뜨리셨습니다. 그렇게 바닥으로 내려가신 예수님을 통해 복음의 역사가 시작되었습니다.

소설《해리포터》(문학수첩)를 쓴 영국의 작가, 조앤 롤링(Joan K. Rowling)은 하버드 대학교에서 명예문학 박사 학위를 받았습니다. 그리고 그녀는 2008년 하버드 대학교 졸업식에서 이런 연설을 했습니다.

저는 대학을 졸업하고 7년 동안 엄청난 실패를 겪었습니다. 결혼에 실패했고 실업자가 됐고 싱글맘까지 되어 더 이상 가난하기도 힘들 정도였습니다. 누가 봐도 전 실패한 사람이었습니다. 그 시기에 저는 정말 힘들었고 그 긴 터널이 언제 끝날지도 알 수 없었습니다. 그럼 제가 왜 실패의 미덕에 대해 말하려 하는 것일까요? 실패가 제 삶에서 불필요한 것을 제거해 줬기 때문입니다. 저는 스스로 기만하는 것을 그만두고 제 모든 에너지를 가장 중요한 일에 쏟기 시작했습니다. 제가 가장 두려워하던 실패가 현실이 되었기 때문에 오히려 저는 자유로워질 수 있었습니다. 실패했지만 살아 있고 사랑하는 딸이 있고 저에게는 낡은 타이프라이터와 엄청난 아이디어가 있었습니다. 가장 밑바닥이 제가 인생을 새로 세울 수 있는 단단한 기반이 된 것입니다.

바닥을 친 인생에 무엇을 새로 심고 세우느냐에 따라 인생이 달라집니다. 바닥에서 출발하는 것은 우리에게 자유자가 되는 것을 허락합니다. 더는 낮아질 곳이 없기 때문입니다. 남의 시선과 비난에 연연하지 않고 남보다 더 잘나 보이려는 위선과 교만에서 해방될 수 있기 때문입니다. 그렇게 남보다 더 우월하다고 여기는 헛된 교만에서 자유케 되는 것은 밑바닥 인생을 경험할 때 생기는 축복입니다.

그래서 예수님은 이 땅의 가장 낮은 자리에 오셨습니다. 절망하고 눈물 흘리는 자들에게 새로운 희망을 주시기 위함입니다. 그리고 우리가 있는 바로 그 자리에서 새로운 하나님의 역사를 만들어 보라고 부탁하십니다.

예수님의 낮아짐으로 높아진 인생

하나님은 가장 낮은 죄인의 자리에 오신 예수님을 보고 기뻐하시며 하늘의 문을 여셨습니다. 그리고 하늘의 지혜, 하늘의 생명, 하늘의 능력을 예수님에게 주셨습니다. 하늘의 모든 비밀을 예수님에게 부어 주셨습니다. 그리고 그것은 우리에게도 새로운 기회요, 바로 복음입니다. 그것이 우리가 예수 그리스도를 믿고 사랑하며 주님 안에서 하나님께 예배드리는 이유입니다.

예수님은 죄를 회개하는 세례를 받는 것을 시작으로 새로운 일을 행하셨습니다. 밑바닥 인생을 사는 사람들을 가슴으로 끌어안는 것부터 시작하신 것입니다. 그것은 하나님의 기쁨이 되었습니다.

하늘로부터 소리가 있어 말씀하시되 이는 내 사랑하는 아들이요 내 기뻐하는 자라 하시니라(마 3:17).

하나님의 기뻐하심은 예수님의 낮아짐, 예수님이 바닥으로 내려가는 것이었습니다. 이상하지 않습니까? 일반적인 부모라면 어떻게 아들이 가난하고 고통받는 것을 원할 수 있습니까? 오히려 그 반대일 것입니다. "네가 가난한 것을 볼 수가 없구나. 아버지가 가난한데 너까지 가난한 것은 견딜 수가 없구나. 내가 고통당했는데 너까지 고통당하며 밑바닥 인생을 사는 것은 너무 비참하구나!" 그것이 보통 부모의 마음입니다.

그런데 하나님은 다 뒤집으셨습니다. "밑바닥 인생을 구해라. 네가 진정 그것을 원한다면 바닥까지 내려가라. 네가 낮아져라. 네가 죄인처럼 되어라. 네가 이 모든 아픔을 통째로 짊어져라"고 말씀하신 것입니다. 그리고 그런 하나님의 마음에 순종으로 응답하신 예수님께 약속의 말씀을 주셨습니다. 첫째, "사랑하는 아들"이라고 불러 주신 것입니다. 이는 '너는 내 아들이니 아들로서 자부심을 가지고 살라'는 뜻입니다. 둘째, "내가 너를 기뻐한다"라고 하신 것입니다. 이는 하나님의 마음을 잘 헤아리는 아들에 대한 감동이자 하나님의 모든 뜻을 예수님께 맡겨도 되겠다는 확신이었습니다.

하나님이 마치 이렇게 선포하시는 것 같습니다. "내가 저 밑바닥 인생을 살아가는 사람들을 너를 통해 높여 주고 싶다. 기가 막힐 웅덩이에 빠진 사람들을 너를 통해 건져내고 싶다. 목적 없이 방황하는 사람들에게 네가 진리와 길이 되어서 그들을 참된 자리로 이끌어라. 억압 가운데 노예처럼 사는 사람들에게 내가 너를 통해 진정한 자유와 해방이 무엇인지 가르쳐 주겠다. 죄와 허물과 죄책감으로 시달리는 사람들에게 너를 통해 용서받는 기쁨을 주고 싶다. 죽음의 두려움 속에서 떠는 사람들을 너를 통해 영생의 잔치에 초대하겠다."

또한 하나님은 예수님을 통해 세상 사람들에게 분명하게 가르치십니다. "이제 너희는 죄의 종, 사탄의 종이 아니다. 예수 그리스도를 통해 나의 자녀, 내가 기뻐하는 사람이 되었다." 바로 그 뜻을 세상에 알리려고 예수님을 이 땅의 낮은 자리로 보내신 것입니다.

예수님이 여신 하늘의 문

지금도 수많은 사람이 하늘의 문을 열고 싶어서 애쓰고 있습니다. 어떤 사람은 오랫동안 명상을 하고 어떤 사람은 면벽을 하면서 5년, 10년 동안 도를 닦습니다. 또 어떤 사람은 '시크릿'이라는 우주의 힘을 얻기 위해 여러 모양으로 훈련을 합니다. 모두 하늘의 문을 열고 싶은 마음에서 비롯된 것입니다.

하지만 예수님은 이미 2,000년 전에 하늘의 문을 여셨습니다. 그리고 그로 인해 하나님이 주신 하늘의 보화를 이 땅의 우리도 받았습니다. 우리에게 하나님의 지혜, 하나님의 생명, 하나님의 진리와 평안, 하나님의 용서, 하나님이 주신 하늘의 모든 계시와 비밀의 축복을 누리도록 허락해 주신 것입니다. 이제는 예수님을 믿는 사람들은 예수님을 통해 우리에게 주신 그 축복의 역사를 받아들이면 됩니다.

앞서 언급한 영화 〈레미제라블〉에서 학생들은 자유의 노래를 부릅니다. "자유의 깃발을 높이 올려라!" 새 시대가 오면 모든 사람이 왕이 될 것이라는 자유와 희망의 노래입니다. 우리는 그보다 더 위대한 노래를 부를 수 있습니다. 예수 그리스도를 믿으면 하나님이 우리에게 자녀의 권한을 주시기 때문입니다. 그리스도 안에 있는 자는 하나님의 자녀가 됩니다. 우리는 하나님의 아들이요, 하나님의 딸입니다.

하나님은 예수 그리스도를 통해 하늘의 문을 여셨습니다. 그리고 우리에게 하늘의 것을 베푸셨습니다. 그것이 하나님의 자녀가 누리는 특권입니다. 그 놀라운 사실을 깨달을 때, 우리는 비로소 주님이 기뻐하시는 삶을 살아갈 수 있습니다.

7장
벗들과 잔치를 누리시다

세례 요한이 와서 떡도 먹지 아니하며 포도주도 마시지 아니하매 너희 말이 귀신이 들렸다 하더니 인자는 와서 먹고 마시매 너희 말이 보라 먹기를 탐하고 포도주를 즐기는 사람이요 세리와 죄인의 친구로다 하니 지혜는 자기의 모든 자녀로 인하여 옳다 함을 얻느니라

 누가복음 7장 33-35절

잔치의 즐거움

명절을 맞이하면 사랑하는 가족을 떠올리게 됩니다. 그중에서도 가장 먼저 부모님 생각이 납니다. '어머니, 아버지' 생각만으로도 가슴이 먹먹해지고 눈가에 눈물이 맺히는 사람이 많을 것입니다. 부모님은 나에게 생명을 주시고 사랑이 무엇인지를 알게 해주신 소중한 분입니다. 형제들도 마찬가지입니다. 함께 웃고 울고 위로하거나 위로받고 때로는 다투기도 했습니다. 그러나 한결같이 우리에게 소중한 가족입니다.

가족은 괴로움과 즐거움을 함께 나누는 사람들입니다. 한 공동체 안에서 축복을 나누는 사람들인 것입니다. 가족과 가정은 마치 우리 삶의 베이스캠프(basecamp)와 같습니다. 아침마다 그곳을 떠나지만 저녁이 되면 다시 오고 싶은 곳, 돌아와야 하는 본거지입니다.

특히 명절에는 핵가족으로 머물던 사람들도 본래의 베이스캠프에 모여 대가족의 기쁨을 맛봅니다. 그때 예수 믿는 사람들은 온 가족이 둘러앉아서 그동안 어떻게 지냈는지, 어려운 일은 없었는지, 함께 기도할 제목은 무엇인지 이야기를 나누면 좋겠습니다. 서로 이야기를 듣다 보면 가슴이 따뜻해지는 것을 느낄 수 있을 것입니다.

이렇듯 명절에는 가족이 만나 서로 이야기를 나누고 놀이도

하며 잔치 같은 분위기가 납니다. 그런데 이런 잔치에 없어서는 안 되는 한 가지가 있습니다. 바로 먹고 마시는 것입니다. 먹고 마시는 즐거움이 없으면 잔치라고 할 수 없습니다.

먹고 마신 예수님

먹고 마실 수 있는 것은 우리가 살아 있음을 뜻합니다. 아니, 건강하다는 증거입니다. 예전에 먹고 마실 것이 없어서 힘들던 때도 있었습니다. 하지만 요즘은 너무 많이 먹고 마셔서 오히려 먹는 즐거움을 놓치고 있다는 생각마저 듭니다.

   죽음을 앞둔 사람들이 마지막에 하는 이야기가 있습니다. "목사님, 이제 먹고 싶은 것이 없습니다. 아니, 먹을 힘도 없습니다." 삶이 끝나는 순간에는 식욕이 사라지고 입맛도 없어집니다. 먹고 마시는 즐거움을 잃어버리는 것입니다. 심지어 먹는 것 자체가 고통이 됩니다. 지금도 소화가 안 되어 음식을 먹으면 꼭 소화제를 먹거나 맛있는 음식을 앞에 두고도 잘 먹지 못하는 사람이 있습니다. 먹고 마시는 즐거움은 하나님이 주신 즐거움 중 하나인데 참으로 안타깝습니다.

   본문에는 먹고 마시는 것에 대한 대조적인 두 가지 태도가 나타납니다. 하나는 세례 요한의 먹는 태도이고 또 다른 하나는 예수님의 먹는 태도입니다. 그런데 당시 유대 지도자들은 그 두 가지 태도를 모두 못마땅하게 생각하고 사사건건 시비를 걸었습니다. 어떻게 해서든 세례 요한과 예수님을 별것 아닌 인물로 격하시키고 싶었던 그들에게 그 태도가 걸려든 것입니다.

세례 요한은 스스로 먹는 것을 철저히 통제했습니다. 그러자 사람들은 거의 먹지 않는 것처럼 보이는 그를 "귀신이 들렸다, 미쳤다" 하며 공격했습니다.

세례 요한이 와서 떡도 먹지 아니하며 포도주도 마시지 아니하매 너희 말이 귀신이 들렸다 하더니(눅 7:33).

요한은 금식하기를 즐겼을 뿐만 아니라 그가 먹는 음식 자체도 별것 아닌 것이었습니다. 성경을 보면 그가 얼마나 절식했는지를 알 수 있습니다.

이 요한은 낙타털 옷을 입고 허리에 가죽띠를 띠고 음식은 메뚜기와 석청이었더라(마 3:4).

하지만 예수님은 전혀 다른 모습이었습니다. 성경에는 예수님이 먹고 마시는 것을 즐거워하셨다고 분명하게 기록되어 있습니다. 그런데 유대 지도자들은 그 모습도 비판했습니다. 그들은 예수님을 향해 "세상의 부랑아들과 한패요, 한통속"이라고 쏘아붙였습니다. 예수님은 그들의 반응에 탄식하셨습니다.

인자는 와서 먹고 마시매 너희 말이 보라 먹기를 탐하고 포도주를 즐기는 사람이요 세리와 죄인의 친구로다 하니(눅 7:34).

세례 요한은 금욕적이고 엄숙한 모습을 갖고 있는데 반해 예수님은 먹기를 탐하는 자같이 자유롭습니다. 여러분은 누구의 모습에 더 가깝습니까? 세례 요한처럼 절식하고 절제하는 쪽입니까? 아니면 예수님처럼 먹고 마시기를 즐기는 쪽입니까?

예수님의 말씀은 세례 요한처럼 금식을 하지 말라는 뜻이 아니라 금식을 하려면 제대로 하라는 것이었습니다. 예수님은 당시 금식의 본래 뜻을 상실한 채 흉내만 내는 유대 종교 지도자들의 금식을 비판하신 것입니다.

그들의 금식은 자신이 얼마나 경건한지, 얼마나 절제하는지, 얼마나 육체적인 고통을 당하는지 드러내려는 것이었습니다. 그들은 사람들 앞에서 슬픈 기색을 하고 얼굴을 흉하게 찡그렸습니다. '내가 고통 속에서도 하나님 앞에서 금식을 하고 있다'라며 자랑하고 싶었던 것입니다. 그러나 예수님은 그러한 그들의 금식을 나무라며 금식은 하나님 앞에 하는 것이지 사람에게 보여 주기 위한 것이 아니라고 말씀하셨습니다.

금식할 때에 너희는 외식하는 자들과 같이 슬픈 기색을 보이지 말라 그들은 금식하는 것을 사람에게 보이려고 얼굴을 흉하게 하느니라 내가 진실로 너희에게 이르노니 그들은 자기 상을 이미 받았느니라(마 6:16).

금식은 자기의 죄를 들여다보는 소중한 과정입니다. 하나님 앞에 내 모습을 그대로 아뢰는 것입니다. 하나님께 내 실존 전체를 드리며 간절히 간구하며 기도하는 것입니다.

중세시대에 밀라노의 암브로시우스(Ambrosius)는 하나님 앞에 바로 서는 금식을 이렇게 예찬했습니다.

금식은 영혼의 식사이자 정신의 양식이고 천사의 생명이자 과오의 소멸이다. 또한 채무의 소거이자 구원의 약이며 은총의 근원이자 정절의 토대다. 금식을 통해 인간은 신, 하나님께 더 빨리 닿을 수 있다.

금식을 하면 먹는 것이 얼마나 소중한지를 깨닫게 됩니다. 하루만 금식해도 온통 먹는 것만 생각납니다. 그러나 금식을 하면서 자기를 절제하고 먹고 마시는 것보다 더 크신 하나님을 고백하는 경험은 매우 소중합니다.

예수님도 공생애를 시작하실 때 금식하셨습니다. 그에는 준비와 훈련 기간이었고 이후 공생애 중에는 금식을 하신 적이 없는 것 같습니다. 삶이 잔치이며 그 잔치의 중심에 먹고 마시는 것이 들어 있음을 보여 주기 위해 그렇게 하신 것입니다. 예수님은 인생을 훨씬 적극적으로 바라보셨습니다.

먹고 마시는 복

먹을 때는 감사하면서 기쁘게 먹어야 합니다. 바로 그것이, 하나님이 우리의 삶에 주신 소중한 복입니다. 그렇다면 먹고 마시는 것은 우리의 몸에 어떤 복을 줄까요?

첫째, 우리에게 생기를 불어넣고 힘을 줍니다. 성경에는 먹고 마시는 것에 관한 특별한 사건이 기록되어 있습니다. 용감한 선지자 엘리야에 대한 이야기입니다. 그는 450명의 바알 선지자와 갈멜 산에서 영적인 대결을 벌여서 하나님의 은총으로 승리를 거둡니다. 그러자 바알 우상을 따르던 아합 왕과 이세벨이 진노하여 엘리야를 잡아 죽이려고 합니다. 그때 엘리야는 덜컥 두려움이 생겨 광야로 도망을 갑니다.

어느 날 엘리야는 로뎀 나무 밑에 앉아 있었습니다. 그곳에서 쫓기는 자신의 처지를 보니 처량하기 그지없고 한심했습니다. 그는 육체적, 영적인 힘이 다 떨어진 탈진 상태로 하나님을 향해 이렇게 말합니다. "나를 죽게 내버려 두세요. 나 좀 죽여 주세요." 그렇게 하나님께 항의를 하다가 잠이 들었습니다. 그런데 그때 하나님이 엘리야 선지자에게 천사를 보내셨습니다.

> 로뎀 나무 아래에 누워 자더니 천사가 그를 어루만지며 그에게 이르되 일어나서 먹으라 하는지라(왕상 19:5).

이 말씀에 하나님의 치유 방식이 들어 있습니다. 우리는 힘들어하는 사람, 절망하고 낙담하는 사람, 질병으로 고통받는 사람들에게 다가설 때, 사랑하는 마음으로 다가가 그들을 어루만져야 합니다.

하나님은 그 몸이 회복되도록 엘리야를 어루만지시고 "일어나서 먹으라"고 말씀하셨습니다. 그냥 누워서 빈둥빈둥 있지 말고 일어나서 네 앞의 음식을 먹으라고 연거푸 두 번씩이나 말씀하셨습니다. 그것은 엘리야가 육체적, 영적으로 회복되는 장면입니다. 마찬가지로 하나님은 사랑의 손길로 우리를 감싸 안고 우리의 연약한 부분을 만지며 우리에게 말씀하십니다. "네 육체가 먼저 강건해져야겠다. 일어나서 먹고 마셔라."

몸이 망가지면 마음도 망가집니다. 마음이 참으로 소중하지만 몸이 아프면 마음도 힘들어지는 것이 사실입니다. 아프면 사람을 만나는 것도 싫고 목표를 세우는 것도 싫습니다. 인생이 끝난 것

같아 답답하기까지 합니다. 이렇듯 몸이 망가지면 영혼의 근력도 사라지고 맙니다. 따라서 우리는 몸을 소중하게 여겨야 합니다. 그것이 바로 하나님이 지친 엘리야에게 일어나서 먹으라고 말씀하신 이유입니다.

둘째, 먹고 마시는 것은 영적인 치유와 회복을 가져다줍니다. 예수님은 하나님 나라를 종종 잔치의 비유를 통해 말씀하셨습니다. 하나님이 초대하시니 와서 함께 먹고 마시자는 것입니다. 예수님과 함께 먹고 마시는 것, 그것이 구원입니다. 우리가 생명을 얻는 것은 예수님과 함께 먹고 마시며 누리는 것입니다.

누가복음 15장에는 하나님 나라의 비유 중 탕자의 이야기가 나옵니다. 집을 나가서 방탕하게 살던 아들은 먹을 것이 다 떨어져서야 아버지의 집을 떠올리고 아버지에게 돌아옵니다. 아들이 멀리서 걸어오는 것을 본 아버지는 벌떡 일어나서 달려가 아들의 목을 껴안고 얼굴에 입을 맞춥니다. 그리고 그에게 제일 좋은 옷을 입히고 손가락에는 가락지를 끼우고 새 신발을 신겨 주며 "너는 이제 다시 내 아들이다"라고 그를 아들의 자리로 복귀시켜 줍니다. 그러면 그 아들을 맞이하는 과정의 마지막은 무엇일까요? 바로 먹고 마시는 것입니다.

그리고 살진 송아지를 끌어다가 잡으라 우리가 먹고 즐기자 이 내 아들은 죽었다가 다시 살아났으며 내가 잃었다가 다시 얻었노라 하니 그들이 즐거워하더라(눅 15:23-24).

아버지의 마음은 하나입니다. "살진 송아지를 가져와서 함께 먹고 즐기자. 너는 내 아들이다. 네 육체와 영혼이 회복되었다." 그 사실을 선포하는 것입니다.

예수님의 잔치

예수님은 비유뿐만 아니라 삶에서 많이 잔치를 베푸셨습니다. 그분은 아무것도 없는 사람들, 마음에 상처를 입은 사람들, 사회적으로 조롱거리가 되는 사람들, 비난받는 사람들, 버림받은 사람들에게 잔치를 베푸셨습니다. 그들은 바로 세리와 죄인이었습니다. 그래서 예수님의 별명이 '세리와 죄인의 친구'였던 것입니다. 그것은 당시 예수님을 조롱하던 사람들이 붙여 준 것으로 통속적으로 말하면 '세상의 찌꺼기, 쓰레기 같은 자들과 한패'라는 욕설입니다.

그런데 그 별명 속에 예수님의 진가가 들어 있습니다. 예수님은 세상에서 소외된 자, 자기 존재감을 잃어버린 자, 가치관을 상실한 자들과 함께 식탁을 나누면서 그들을 세워 주시며 소망을 불러일으키셨습니다. 그분은 "너에게 희망이 있다. 너는 버림받은 자가 아니라 하나님이 사랑하는 자이며, 너는 아무것도 없는 자가 아니라 하나님이 천하보다 더 귀하게 여기는 복된 자다"라고 말씀하셨습니다.

예수님이 오병이어로 5,000명을 먹이신 사건도 그렇습니다. 허허벌판에서 예수님의 말씀을 듣던 사람들은 배가 고팠습니다. 예수님은 그대로 돌아가면 굶을 수밖에 없는 그들을 불쌍히 여기시고 오병이어로 그들의 배를 채워 주셨습니다. 하나님 나라의 잔치를 베풀어 주신 것입니다.

십자가에 달리시기 전날 밤에도 예수님은 낙심해 있던, 사랑하는 제자들을 부르셔서 그들과 함께 만찬을 나누셨습니다. 그리고 떡과 빵을 들고 말씀하셨습니다. "이 빵은 너희를 위한 나의 몸이다. 받아먹어라." 잔을 들고 말씀하셨습니다. "이 잔은 너희를 위해 흘리는 새 언약의 피다. 받아 마셔라." 하나님 나라에서 주신 기쁨의 잔치를 세상에 알리라고 말씀하신 것입니다.

우리가 하나님의 사람으로서 받은 축복은 예수님과 함께 먹고 마시는 잔치를 누리는 것입니다. 밥 한 숟가락을 뜰 때, "하나님, 감사합니다. 내가 주님과 함께 감사와 기쁨으로 먹습니다"라고 기도하십시오. 바로 그 순간, 내 인생은 하나님과 더불어 기뻐하는 잔치가 될 것입니다.

우리가 만날
예수

예수님의 잔치에 초대받은 사람

본문에는 예수님이 마지막 순간에 하신 말씀이 나옵니다.

> 지혜는 자기의 모든 자녀로 인하여 옳다 함을 얻느니라(눅 7:35).

지혜는 예수님입니다. 그렇다면 지혜의 자녀는 누구일까요? 예수님의 말씀을 듣고 따라온 사람들입니다. 함께 잔치에 참여한 사람들, 바로 세리와 죄인들입니다. 그리고 예수님의 자녀요, 예수님의 친구요, 예수님과 함께 먹고 마시는 축복을 나누기 위해 예배의 자리에 모이는 우리입니다

예수님은 그분의 몸을 우리를 위해 주신다고 말씀하셨습니다. 예수님을 먹는다는 것은 예수님의 말씀을 먹는 것입니다. 예수님을 마시는 것은 예수님의 삶을 내 것으로 삼는 것입니다. 음식을 먹으면 바로 내 것이 되듯이 우리가 예배드리고 말씀을 읽으면서 그 말씀을 '내 것'으로 먹고 마시는 것, 그것이 곧 구원이요 생명이며 하나님이 주시는 축복입니다.

예수님이 잔치의 주인입니다. 주님은 오늘도 "수고하고 무거운 짐 진 자들아 다 내게로 오라"고 말씀하십니다. 그 말씀을 듣고 우리는 주님 앞에 나갈 수 있습니다. 그러므로 이제 예수님과 함께 먹고 마시는 잔치의 삶을 살아가십시오. 세상에서 먹고 마실

때마다 주님께 감사하며 주님과 함께 먹고 마시기를 바랍니다. 이 땅에서 주님의 말씀을 먹고 마심으로 우리의 육체와 영혼은 주님과 함께 잔치를 벌일 것입니다.

그리고 더 나아가 이웃에게 예수님의 잔치를 베풀며 살아가십시오. 우리를 억누르는 절망, 미움, 분노 등을 모두 떨쳐버리고 예수님과 함께 기쁨과 감사의 잔치를 벌여야 합니다. 그것이 우리 삶의 궁극적인 목적입니다.

참회의 기도

사랑의 하나님,
예수님을 처음 믿었을 때 우리는 기쁨으로 충만했습니다.
하지만 시간이 흐르면서 넉넉하고 따뜻한 웃음이 사라졌습니다.
주님이 주신 그 기쁨을 계속 간직하지 못했기 때문입니다.
예수님을 처음 믿었을 때
우리는 하나님의 자녀라는 자부심이 있었습니다.
하지만 살다 보니 다른 사람들과 비교하며
열등감으로 위축될 때가 많았습니다.
우리가 하나님의 자녀라는 사실을 망각했기 때문입니다.

이제 하나님의 말씀을 기억하기 원합니다.
그 속에서 인간으로 오신 예수님을 보게 하소서.
그리하여 예수님이 어떤 분인지, 내가 누구인지 깨닫게 하소서.
주님 안에서 기쁨을 누리고 생명의 능력으로 살게 하소서.

8장
기쁨으로 충만하시다

그때에 예수께서 성령으로 기뻐하시며 이르시되 천지의 주재이신 아버지여 이것을 지혜롭고 슬기 있는 자들에게는 숨기시고 어린 아이들에게는 나타내심을 감사하나이다 옳소이다 이렇게 된 것이 아버지의 뜻이니이다 내 아버지께서 모든 것을 내게 주셨으니 아버지 외에는 아들이 누구인지 아는 자가 없고 아들과 또 아들의 소원대로 계시를 받는 자 외에는 아버지가 누구인지 아는 자가 없나이다 하시고 제자들을 돌아보시며 조용히 이르시되 너희가 보는 것을 보는 눈은 복이 있도다 내가 너희에게 말하노니 많은 선지자와 임금이 너희가 보는 바를 보고자 하였으되 보지 못하였으며 너희가 듣는 바를 듣고자 하였으되 듣지 못하였느니라

 누가복음 10장 21-24절

먼저 기뻐하는 이유

결혼을 주선하는 한 회사가 3,000명이 넘는 20세 이상의 미혼 남녀에게 설문조사를 했습니다. '같은 외모와 조건이라면 어떤 이성에게 제일 호감을 느끼는가?'

미혼 남자들의 응답 중 1위는 잘 웃는 여자(35.8%), 2위가 애교 많은 여자(29.6%)였습니다. 이 둘을 합하면 전체의 65%, 약 3분의 2가 넘는 수치입니다. 한편 미혼 여자들은 유머 감각이 있는 남자(25%), 연락을 자주 하는 남자(24%), 잘 웃는 남자(15.6%) 순으로 대답했습니다. 유머 감각이 있는 남자와 잘 웃는 남자에게 호감을 느낀다는 대답이 응답자의 약 40%입니다. 결국 남녀 모두 스스로 행복해 보이는 사람, 남도 행복하게 해줄 수 있는 사람을 좋아한다는 이야기입니다.

여러분은 어떻게 하루를 시작합니까? 아침에 거울을 볼 때 내 모습이 밝았습니까? 따뜻했습니까? 아니면 차디찼습니까? 혹은 내 눈 속에 미움이 있지는 않았습니까?

옛말에 '일소일소 일로일로'(一笑一少 一怒一老)라는 말이 있습니다. '한 번 웃으면 젊어지고 한 번 화내면 늙는다'라는 뜻입니다. 또 이런 말도 있습니다. '당신이 웃을 때, 당신이 미소 지을 때, 당신은 가장 아름답습니다.' 두 가지 말 모두 즐거운 마음으로 살라는 의미의 권면일 것입니다.

예전에 가끔 가수들의 등용문인 오디션 프로그램을 봤는데 10대 아이들이 얼마나 노래를 잘 부르고 춤추는지, 또 그 순간 얼마나 자신의 모든 것을 발휘하는 데 몰두하는지 놀랄 때가 많았습니다. 그런데 그중에서도 재미있는 것이 심사위원들의 평가입니다. 그들이 참가한 사람들에게 동일하게 이야기하는 한 가지가 있습니다. "네가 먼저 즐기면서 노래를 불러라. 스스로 즐거워하지 못하면서 어떻게 남에게 즐거움을 선물해 줄 수 있겠니?" 한마디로 스스로 즐길 수 있어야 한다는 지적입니다.

신앙의 기쁨과 즐거움

우리의 신앙도 마찬가지입니다. 내가 가지고 있는 신앙이 내게 기쁨이 됩니까? 즐거운 마음으로 예배드립니까? 찬양할 때 영혼의 깊은 곳에서부터 기쁨이 흘러나옵니까? 찬양의 가사가 신앙의 고백이 됩니까?

이웃을 가장 잘 전도할 수 있는 시기는 바로 내가 예수 믿는 것이 즐겁고 기쁠 때입니다. 내 모습에 감사와 즐거움이 넘칠 때, "네가 믿는 예수는 도대체 누구냐?"라며 주변 사람이 관심과 호기심을 갖게 될 것입니다. 그런데 예수를 믿으면서도 마음속에 미움과 분노가 있고 우울하고 답답해하면 사람들은 이렇게 말할 것입니다. "네가 믿는 예수가 도대체 누구냐? 너를 그렇게 참담하게 하는 예수라면 나는 안 믿겠다."

《웨스트민스터 소요리 문답》제1항은 '사람의 첫 번째 목적이 무엇인가?'로 그에 대한 대답은 '하나님을 영화롭게 하고 그 하나님을 영원히 즐거워하는 것'입니다. 그렇게 하나님을 즐거워하는 것, 하나님과 함께함이 기쁨이 되는 것이 인생의 목적입니다.

예배는 하나님께 영광을 돌리는 동시에 하나님을 즐거워하는 것입니다. 예배를 드리면서 내가 가지고 있었던 무거운 짐을 주님 앞에 내려놓고 주님의 용서와 말씀을 가슴에 새기면서 다시 힘과 용기를 얻고 즐거움과 기쁨을 누리는 것입니다. 그리고 세상을 향해 새롭게 나아갈 수 있게 됩니다. 그것이 참된 예배입니다.

기독교 신앙의 핵심은 기쁨입니다. 왜냐하면 하나님이 이 세상을 만들면서 기쁨으로 시작하셨기 때문입니다. 하나님은 하늘과 땅을 만드시고 "보기에 좋구나"라고 말씀하셨습니다. 그 말은 어느 누구도 아닌 그분 자신에게 하시는 말씀이었습니다. 그리고 인간을 만드신 여섯째 날에는 "보기에 참으로 좋구나" 하시며 만족하셨습니다. 이는 하나님의 감성적인 반응으로 자족감과 자부심의 표현이었습니다.

아마 첫째 날에는 작은 미소로, 다음 날에는 입가에 가득한 웃음으로, 그리고 여섯째 날에는 함박웃음으로 기뻐하셨을 것입니다. 왜냐하면 여섯째 날에 하나님이 가장 좋아하고 기뻐하시는 인간을 만드셨기 때문입니다. 하나님은 아담과 하와를 만드시고 크게 좋아하셨습니다. 그런데 그 인간이 하나님을 대적하고 거역하면서 하나님의 마음을 슬프게 했습니다.

한 영혼이 구원받는 기쁨

하나님은 예배드리는 자를 기뻐하며 찾고 계십니다. 하나님의 마음을 알고 그분 앞에 나아와 하나님을 기뻐하는 사람들을 가장 기뻐하시는 것입니다. 본문에는 하나님의 그 기쁨을 잘 알고 계신 예수님이 활짝 웃으며 기뻐하는 모습이 잘 나타나 있습니다.

예수님은 70명의 제자를 세우고 그들에게 하나님 나라의 복음을 가르치셨습니다. 그리고 짝을 지어 각 동네로 파송하며 명령하셨습니다. "동네에 들어가라. 각지로 흩어져라. 그곳에서 하나님 나라가 가까이 온 것과 복음을 증거하라."

제자들은 여러 동네로 가서 복음을 증거했습니다. 그러자 놀라운 성령의 역사가 일어났습니다. 회개하는 사람들이 생기고 귀신들이 쫓겨나가고 병든 자가 치유를 받았습니다. 제자들의 가슴은 터질 듯이 기뻤습니다. 그들은 큰 기쁨을 안고 돌아와 예수님께 그들이 경험한 일들을 전했습니다.

칠십 인이 기뻐하며 돌아와 이르되 주여 주의 이름이면 귀신들도 우리에게 항복하더이다(눅 10:17).

전도만큼 큰 기쁨은 없습니다. 물론 전도를 하기 전에는 두렵습니다. '과연 내가 전하는 이 말씀을 상대방이 받을까? 내가 전도할 자격이 있을까?' 여러 가지 염려가 있습니다. 그런데 전도를 해본 사람들은 동일하게 전도가 주는 기쁨을 고백합니다. 전도가 얼마나 좋고 기쁜지, 이렇게 가슴이 벅찬 것인지 그동안 몰랐다고 말입니다.

이제 복음을 전하고 싶은 사람을 마음에 품고 기도해 보십시오. 그리고 그 사람을 사랑하는 마음으로 교회에 초청해 보십시오. 우리의 마음이 얼마나 기쁘고 감사한지 경험하게 될 것입니다.

예수님은 70명의 기쁨을 받으셨습니다. 복음이란 좋은 소식, 기쁜 소식이기 때문입니다. 그런데 예수님은 그들에게 한 가지 충고도 잊지 않으셨습니다. 귀신이 그들에게 항복한 것보다 더 중요한 기쁨이 있다는 것입니다.

그러나 귀신들이 너희에게 항복하는 것으로 기뻐하지 말고 너희 이름이 하늘에 기록된 것으로 기뻐하라 하시니라(눅 10:20).

예수님은 한 영혼이 구원받는 것, 한 영혼이 하나님 나라의 시민이 되는 것이 구원의 기쁨임을 알려 주십니다. 바로 그것을 하나님이 기뻐하시고 제자인 너희도 기뻐할 일이라고 가르쳐 주시는 것입니다.

예수님은 제자들을 통해 새로운 구원의 역사의 시작을 보셨습니다. 예수님의 마음도 기쁨으로 가득 차올랐습니다. 성경에는 "그때에 예수께서 성령으로 기뻐하시며 이르시되"(눅 10:21)라고 기록되어 있습니다. 여기서 "그때"라는 단어를 주목해 보십시오. 그 말은 그전까지는 기뻐할 수 없으셨다는 뜻으로 아마 그전까지 무언가 예수님의 마음을 무겁게 억누르고 있었던 모양입니다. 그것이 무엇일까요?

예수님을 보고 기뻐한 사람들

예수님은 하나님이 기대하셨던 사람들에게 복음을 증거하셨습니다. 그들은 매일 율법을 읽고 그 내용을 그대로 지키려고 애쓰는 자들로 스스로 자부심을 가지고 있었습니다. 율법을 곧 지혜로 알고 율법을 연구하는 자신을 지혜자라고 여겼던 당시 바리새인, 율법사, 서기관, 제사장, 장로들이었습니다.

그런데 예수님이 하나님의 말씀을 증거하실 때 그들은 귀를 막고 마음의 문도 닫았습니다. 예수님을 거들떠보지도 않고 오히려 예수님의 말씀에 적개심을 품었습니다. 어떻게 해서든 예수님을 없애려고 했습니다. 그들은 다름 아닌 율법을 잘 알던 당대의 영적 지도자들이었습니다.

그렇다면 그때 예수님의 말씀을 받은 사람은 누구입니까? 버림받은 사람들, 율법을 제대로 알지 못해서 꾸중을 들은 사람들, 죄인들, 세리들, 병든 자들, 여자들, 어린아이들이었습니다. 그들은 예수님을 환호하면서 기쁨으로 나아왔습니다. 예수님은 그들을 지켜보면서 생각하셨습니다. '아, 하나님이 새로운 길을 여셨구나. 스스로 잘났다고 생각하는 지혜롭고 슬기 있는 사람들은 오히려 하나님의 말씀을 받지 않는구나.'

천지의 주재이신 아버지여 이것을 지혜롭고 슬기 있는 자들에게는 숨기시고 어린아이들에게는 나타내심을 감사하나이다(눅 10:21).

슬기 있는 자들은 교만으로 가득 차 있어서 하나님의 말씀을 받지 않았다는 것입니다. 그런데 어린아이들과 세리와 죄인, 버림받은 사람들은 그 말씀을 받아들였습니다. 세상에서 버림받고 소외당하며 조롱받는 사람들이 예수님을 따른 것입니다. 그런데 그런 모습을 보면서 비아냥거리는 사람들이 있었습니다.

인자는 와서 먹고 마시매 너희 말이 보라 먹기를 탐하고 포도주를 즐기는 사람이요 세리와 죄인의 친구로다 하니(눅 7:34).

여기서 "인자"는 예수님을 뜻합니다. 즉 예수님 곁에 세리와 죄인, 버림받은 사람과 여인, 병자들이 모여들었다는 것입니다. 사람들은 그것을 보며 비웃었지만, 예수님은 "하나님의 참된 기쁨이다. 하나님이 새 길을 열어 주셨다"라고 말씀하셨습니다.

▮ 구원의 역사는 곧 예수님의 기쁨

예수님의 기쁨은 하나님의 기쁨에 동참하는 것이었습니다. 하나님은 예수님이 낮아져 죄인이 되어 인생의 바닥을 치실 때 기뻐하셨습니다. 그러면 예수님이 기뻐하시는 것은 무엇입니까? 바로 그분과 같이 바닥을 친 사람들이 하나님 앞에 나오는 것입니다. '기뻐하다'라는 말은 '만족하다', '좋아하다'라는 뜻으로 자부심이 가득하다는 것입니다. 기쁨은 의도한다고 억지로 생기는 것이 아닙니다. 기대했던 일이 성취될 때 자연스럽게 생기는 감정입니다.

예수님도 마찬가지였습니다. '어떻게 하면 하나님의 말씀을 증거할 수 있을까?' 하고 생각하셨는데 어린아이들이 말씀을 받기 시작해 기대했던 일이 이루어지는 것을 보시게 된 것입니다. '새로운 길이 열렸구나. 하나님의 구원의 역사가 시작되고 있구나. 새로운 믿음의 사람들이 생기는구나.' 그것이 예수님의 기쁨이었습니다. 그 기쁨은 예수님께 자존감을 주었고, 그분을 따르는 사람들도 예수님 안에서 새로운 자존감을 얻는 축복을 누렸습니다.

영혼의 깊은 곳에서부터 용솟음치는 기쁨이 진정한 기쁨입니다. 어떤 사람은 "기쁨이란 본질적으로 나 자신을 개방하는 태도이며 나 자신을 내어 주는 몸짓과 같은 것이다"라고 표현했습니다. 우리는 하나님 앞에 예배드리며 하나님의 기쁨과 즐거움 속에 내 인생을 온전히 맡기고 그분의 은혜와 바다 속에 나를 던져야 합니다. 그래야 성령의 기쁨으로 충만할 수 있습니다.

사실 우리의 기쁨은 상당히 조건적이며 많은 제약을 가지고 있습니다. 성령의 기쁨, 하나님의 기쁨을 받고 싶다면 기쁨의 근원이신 하나님께 인생 전체를 맡기고 내 몸을 주님께 던지십시오. 그때 비로소 은혜의 바다를 헤엄치며 진정한 하나님의 기쁨을 누리게 될 것입니다.

기쁨의 공동체, 교회

신앙의 위기는 시간이 지나면서 기쁨이 점점 사라지는 데 있습니다. 한국 교회의 위기두 비슷합니다. 진정으노 기뻐하는 사람들이 줄어들고 있습니다. 영적 지도자들이 영적인 기쁨이 아니라 세상의 기쁨을 얻으려고 하는 것은 한국 교회의 큰 위험입니다.

우리가 하나님 앞에 폼 잡고 나간다고 생각해 보십시오. "나는 세상에서 괜찮은 사람인데요. 내가 세상에서 얼마나 지식을 쌓았는데요. 내가 세상에서 얼마나 높은 자리에 있는데요. 내가 가진 재산이 얼마나 많은데요" 하며 그분 앞에 나아가면 하나님이 뭐라고 하시겠습니까?

"얘야, 네가 가졌으면 얼마나 가졌느냐? 네가 높으면 얼마나 높으냐? 네 인생을 네가 책임질 수 있느냐? 네 인생이 영원한 것이냐? 언젠가 사라질 네 인생을 내 앞에서까지 폼 잡고 자랑하려고 하느냐?" 하나님은 이어서 말씀하실 것입니다. "어린아이처럼 나와라. 네 모습 그대로 나와라. 부족하고 연약한 모습 그대로, 실존에 고민하는 모습 그대로 내게 나와라. 네가 지고 있는 무거운 짐을 모두 내게 맡기면 내가 대신 지고 네게 생명의 충만한 기쁨을 주겠다."

교회는 기쁨의 공동체요, 예배는 기쁨의 교제입니다. 우리는 예배를 통해 하나님을 만나고 하나님은 예배를 통해 우리를 만나 주십니다. 즉 하나님의 기쁨과 내 기쁨이 충만하게 만나는 자리가 예배입니다.

성경에는 초대 교회의 모습이 이렇게 묘사되어 있습니다.

날마다 마음을 같이하여 성전에 모이기를 힘쓰고 집에서 떡을 떼며 기쁨과 순전한 마음으로 음식을 먹고(행 2:46).

기쁨과 순전한 마음이 있는 공동체, 그것이 온전한 교회의 모습입니다. 이제 우리 영혼의 깊은 곳에서 울려 나오는 그 기쁨, 내가 아닌 하나님이 주시는 성령의 기쁨을 경험하기를 바랍니다. 그리고 기쁨의 근원이신 하나님 안에서 우리에게 주신 삶을 감사하고 기뻐하면서 살아가기를 바랍니다.

9장
화를 내시다

예수께서 다시 회당에 들어가시니 한쪽 손 마른 사람이 거기 있는지라 사람들이 예수를 고발하려 하여 안식일에 그 사람을 고치시는가 주시하고 있거늘 예수께서 손 마른 사람에게 이르시되 한 가운데에 일어서라 하시고 그들에게 이르시되 안식일에 선을 행하는 것과 악을 행하는 것, 생명을 구하는 것과 죽이는 것, 어느 것이 옳으냐 하시니 그들이 잠잠하거늘 그들의 마음이 완악함을 탄식하사 노하심으로 그들을 둘러 보시고 그 사람에게 이르시되 네 손을 내밀라 하시니 내밀매 그 손이 회복되었더라 바리새인들이 나가서 곧 헤롯당과 함께 어떻게 하여 예수를 죽일까 의논하니라

 마가복음 3장 1-6절

바르게 표현하는 분노

전 세계에서 우리나라 사람만큼 화를 잘 내고 또 마음속에 화를 품고 있는 사람들은 없습니다. 그래서인지 특별히 한국인에게만 나타나는 질환이 있습니다. 감정을 표현하지 못하고 오래 참는 문화 속에서 분노를 건강하게 표출시키지 못해 생긴 질병, 바로 '울화병'이라고도 불리는 '화병'입니다. 영어로는 'Anger Syndrome'(분노증후군)이라고 하는데 이것은 화, 분노, 억울함, 우울 등의 감정을 표현하지 않고 오랫동안 묻어둘 때 나타납니다.

오랫동안 감정을 표현하지 못하면 정신적, 신체적으로 특정 증상이 나타납니다. 불안하고 초조하고 우울하며 잠이 잘 오지 않습니다. 짜증이 나고 만사가 귀찮습니다. 가슴 깊은 곳이 억눌린 것만 같고 한 맺힌 고통을 호소합니다. 특별히 '착한 사람'이라고 불리는 사람들이 화병을 많이 앓습니다. 그들은 조금이라도 화를 내면 금방 죄책감을 느끼고 '내가 이러면 안 되는데' 하며 불안해하고 자기를 형편없는 존재라고 여기며 자학합니다. 그런 이유로 계속 감정을 표출하지 않는 쪽을 선택하는 것입니다.

'분노'란 화를 내고 있다는 뜻으로 지금의 상태가 불만족스럽다는 표지입니다. 기대에 못 미치거나 자기의 가치관이 누군가에 의해 거부당할 때 발생하는 감정입니다. 마음에 상처를 입거나 모욕을 당했다고 느낄 때 나타나는 실망과 불만족의 긴장입니다.

때로는 당혹과 적대감도 담고 있습니다.

그런데 분노 자체가 나쁜 것만은 아닙니다. 분노를 잘 이용하면 정체성을 살릴 수 있습니다. 분노는 남이 나를 무시하고 비난할 때 자기를 방어할 수 있는 수단이자 진심을 표현하는 정당한 방법이 되기도 합니다.

최근 '건강심리학'이라는 잡지에 감정을 잘 표현하지 않고 억제만 하면 건강에 문제가 생기고 수명이 짧아진다는 글이 실렸습니다. 맥박이 빨라지고 혈압이 오르며 심혈관 질환과 신장 손상, 심지어 암까지 유발한다는 보고입니다. 감정을 적절하게 잘 표현하는 이탈리아나 스페인 국민이 북유럽 국가의 국민보다 평균 수명이 2년 정도 더 긴 것도 그런 이유라고 지적합니다.

그렇다면 화를 내야 할까요? 내지 말아야 할까요? 더 나아가 예수 믿는 사람들은 어떻게 해야 할까요? 화를 내지 않는 것이 적절한 것일까요? 아니면 화를 내는 것이 좋은 것일까요?

▎나쁜 화와 좋은 화

전통적으로 지혜자는 화를 내지 말라고 가르칩니다.

> 미련한 자는 당장 분노를 나타내거니와 슬기로운 자는 수욕을 참

느니라(잠 12:16).

어리석은 자는 자기의 노를 다 드러내어도 지혜로운 자는 그것을 억제하느니라(잠 29:11).

지혜롭고 슬기로운 자들은 화를 참을 줄 안다고 합니다. 하지만 성경에는 분명히 하나님이 화를 내시는 내용이 나옵니다. 언제 분노하셨을까요? 하나님은 인간이 그분을 하나님으로 대접하지 않고 창조주로 모시지 않을 때, 하나님이 아닌 거짓된 피조물을 숭배할 때 화를 내셨습니다. 하나님을 하나님으로 대접하지 않는 사람들은 이웃의 소중함도 알지 못합니다. 그래서 이웃에게 거짓과 불의를 행하고 이웃을 억압하고 착취하는 잘못된 길에 들어섭니다. 하나님은 그런 모습도 그냥 넘어가지 않으셨습니다.

우리는 성경을 통해 두 종류의 화가 있음을 알게 됩니다. 내야 할 화와 내지 않아야 할 화입니다. 성경은 못된 화와 악한 분노는 내지 말라고 합니다. 그러나 좋은 화와 의로운 분노는 인격 전체를 동반해서 내야 한다고 합니다.

예수님도 화를 내지 말라고 말씀하셨습니다. 마태복음 5장에 나오는 산상 설교에서 "형제에 대해 화를 내고 성을 내는 사람은 하나님의 심판이 있다"라고 말씀하셨습니다. 그것은 함부로 화를 내지 말라는 뜻입니다.

그런데 그렇게 통제하지 않은 화가 얼마나 위험한 것인지를 가르쳐 주신 예수님도 화를 내신 적이 있습니다. 부모가 어린아이들을 예수님께 데리고 와서 그들을 안수해 주시기를 원할 때 제자들은 그들을 말렸습니다. "아니, 어른도 많은데 아이들까지 예수님 앞에 가까이 오려고 하느냐? 다 물러가라" 하면서 쫓아내는데, 바로 그때 예수님은 제자들에게 화를 내셨습니다.

예수께서 보시고 노하시어 이르시되 어린아이들이 내게 오는 것을 용납하고 금하지 말라(막 10:14).

또 예루살렘 성전에 올라가신 예수님은 기도하는 집을 장사하는 집으로 바꾸어 놓은 사람들을 보고 동전 바꾸는 책상을 뒤집으시고 채찍을 들어 그들을 쫓아내면서 화를 내셨습니다.

본문에도 예수님이 화를 내시는 장면이 나옵니다. 이 부분에서는 화와 화가 부딪치고 있습니다. 예수님의 분노와 유대 지도자들의 분노가 부딪치는 내용입니다. 유대 지도자들은 예수님의 말과 행동을 보면서 화를 냈습니다. 악한 분노의 대표적인 모습입니다. 예수님은 그런 그들에게 화를 내셨습니다. 그것은 의로운 분노의 모습입니다.

그렇다면 양자의 차이는 무엇일까요? 바로 의도와 목표의 차이입니다. 예수님은 그들이 잘못된 생각과 가치관을 바꾸기를 바라는 마음에서 화를 내셨습니다. 하지만 바리새인들과 유대 지도자들의 화는 예수님을 끌어내리고 그분을 자기들 앞에 무릎을 꿇게 하려는 마음이 전제된 것이었습니다. 예수님의 분노는 하나님의 공의와 사랑 때문이었지만 유대 지도자들의 분노는 그들의 이익 때문이었습니다. 그동안 그들이 가지고 있던 기득권이 침해를 받고 그들의 입지가 흔들리는 것이 싫었기 때문입니다. 즉 예수라는 자가 그들의 편안한 삶을 뒤집어 놓으려 한다는 사실을 느꼈기에 화를 낸 것입니다.

예수님의 의로운 분노

복음서는 갈등의 역사입니다. 예수님과 당대 지도자들 사이에는 갈등이 있었습니다. 예수님과 당대 지도자들은 사사건건 부딪쳤습니다. 특히 유대 율법지도자들과는 정결법과 안식일법을 비롯해 율법의 이해가 달라서 매번 어느 것이 옳은지를 따졌습니다.

본문에서 예수님은 질병으로 고통당하는 자를 만나십니다. 그 사람은 손이 펴지지 않는 고통을 받는 자였습니다. 예수님은 그를 보자마자 불쌍히 여기셨습니다. '이 질병이 이 사람에게 얼마나 무거운 짐이 되었을까? 남이 수군거리며 흉을 볼까 봐 얼마나 노심초사했을까? 얼마나 많이 자학했을까?' 그래서 예수님은 그

병자를 고쳐 주기로 마음먹으셨습니다.

그런데 그날은 공교롭게도 안식일로, 당시 율법으로는 아무것도 하지 않고 오직 예배만 드리는 날이었습니다. 서기관들과 바리새인들은 예수님이 그 병자에게 어떤 반응을 보일지 궁금했습니다. 그들은 예수님 자체에는 관심이 없고 병든 자를 향한 긍휼함도 전혀 없었습니다. 비참하게 살아가는 그 사람이 어떻게 치료를 받을지 호기심을 가진 것도 아니었습니다. 오직 예수님이 율법을 지키는지, 아닌지를 감시하려는 마음뿐이었습니다. 어떻게 해서든 예수님을 걸고넘어지려는 속셈으로 눈에 심지를 켜고 예수님을 보고 있었던 것입니다.

바리새인과 서기관에게는 결여된 것이 있었습니다. 그들은 경건을 가장해 종교적인 기득권에 집착하며 탐욕을 위해 종교와 율법뿐만 아니라 당시의 모든 관행을 이용했습니다. 생명에 대한 관심도 없었고 남의 고통을 쉽게 외면했습니다. 인간답게 살지 못하는 것에 대한 안타까움이 없었습니다. 누군가 고통당하고 존엄성이 파괴되어도 함께 아파하는 마음이 없었던 것입니다.

예수님은 그런 그들을 보시며 탄식하셨습니다. 그들의 마음속에 긍휼과 배려가 없음을 알고 가슴 아파하셨습니다. 그래서 그들에게 이렇게 물으신 것입니다.

그들에게 이르시되 안식일에 선을 행하는 것과 악을 행하는 것, 생명을 구하는 것과 죽이는 것, 어느 것이 옳으냐 하시니 그들이 잠잠하거늘(막 3:4).

안식일은 쉼의 날로 하나님도 안식하신 날입니다. 그리고 생명을 주신 날이기도 합니다. 그런데 바리새인과 서기관은 샬롬을 얻게 될 사람과 함께 기뻐하려 하지 않았습니다. 안식일은 사람을 살리는 날인데 오히려 반대로 안식일법을 이용해서 사람을 죽이려 한 것입니다. 그들은 율법 정신을 따르는 것이 아니라 율법주의에 사로잡혀서 그 조항 하나하나에 묶여 있었습니다. 그래서 생명의 법을 죽음의 법으로 바꿔 놓았던 것입니다.

그들이 예수님의 생각을 몰랐을까요? 안식일이 생명을 주는 날, 사람을 치유하는 날, 선을 행하는 날인 것을 몰랐을까요? 성경에는 예수님이 안식일에 대해 물으시니 그들이 잠잠했다고 나옵니다. 답을 알고 있기에 침묵한 것입니다. 이미 예수님을 향한 적대감과 미움으로 그들의 지성과 이성이 마비되었기 때문에 침묵한 것입니다. 그들은 참으로 비겁했습니다.

감정은 소중하지만 그 감정이 우리의 지성과 이성을 막아버릴 때가 있습니다. 그렇게 되면 무엇을 기뻐하고 무엇을 슬퍼하며 무엇을 위해 화를 내는지도 모르게 됩니다. 바로 그들이 그런 상태였습니다. 잘못된 감정으로 지혜가 무너지고 마음이 닫힌 것입니다. 예수님은 그들의 모습을 보고 탄식하셨습니다.

> 그들의 마음이 완악함을 탄식하사 노하심으로 그들을 둘러보시고 (막 3:5).

그들은 하나님을 사랑한다고 하면서 실상은 자기 욕심만 챙기는 이기적인 자들이었습니다. 변화하기를 싫어하는 그들 앞에서 예수님의 분노는 어떻게 나타났을까요? 예수님은 손 마른 사람에게 일어서라고 하시며 "네 손을 내밀라"고 말씀하셨습니다. 그리고 그 마른 손을 고쳐 주셨습니다. 즉 예수님의 분노는 손 마른 자가 믿음을 통해 고침을 받는 생명의 회복을 일으켰습니다.

분노란 내가 처한 문제가 얼마나 심각한지를 인식하고 악과 불의에 저항하는 힘입니다. 그것이 진정한 분노입니다. 예수님은 이 땅에 하나님 나라를 세우려는 열망을 가지고 계셨습니다. 즉 하나님의 의로운 분노를 가지고 이 땅에 오셔서 하나님의 역사를 펼쳐 나가신 것입니다. 그것은 곧 생명을 다시 세우는 일, 억눌린 자를 해방시키는 일, 사탄의 억압에서 자유롭게 하는 일, 인간이 얼마나 소중한 하나님의 자녀인지를 보여 주는 일이었습니다. 예수님은 모든 것을 바쳐서 그 일을 이루셨습니다.

예수님의 분노를 가진 사람

우리의 역사 속에는 의로운 분노를 가진 독립운동의 투사들이 있습니다. 그들은 우리나라가 나라를 빼앗기고 일본제국 아래에 있을 때 '이것은 옳지 않다. 우리는 이 상황을 이겨나가야 한다'라고 생각했던 자들로, 그들이 있었기에 우리 민족은 새로운 역사의 길을 열 수 있었습니다. 또한 민주항쟁도 독재정권에 분노한 사람들로 인해 시작할 수 있었습니다. 신앙의 순교자들이 왜 죽었습니까? 하나님 외의 것을 숭배하라는 요구가 있을 때 "오직 내가 섬길 분은 하나님뿐이다"라며 의로운 분노로 거절했기 때문입니다.

개신교도의 원어는 '프로테스탄트'(Protestant)입니다. 이는 '거절하는 자', '저항하는 자', '분노하는 자'라는 뜻입니다. 당시 로마 가톨릭교회의 부패와 타락을 본 종교개혁자들이 세운 것으로 '그것은 틀렸다. 하나님의 역사가 그 속에 없다'라는 의미입니다. 그래서 종교개혁자들은 '다시 말씀으로 돌아가자'라는 구호를 내걸며 역사의 방향을 바꿔 놓았습니다. 즉 그리스도인이 된다는 것은 착한 사람이 아니라 올바른 사람이 되는 것을 뜻합니다.

우리는 무엇에 분노합니까? 먼저 일차적인 분노의 대상은 나 자신이어야 합니다. 나의 게으름을 보며 분노할 줄 알아야 게으름에서 탈출할 수 있고, 내 속에 있는 거짓과 음란에 분노할 줄 알아야 그것을 넘어설 수 있습니다. 마찬가지로 공동체의 부패와 타락에 분노해야 개혁과 변화의 역사를 일으킬 수 있습니다.

예수님은 하나님의 의로운 분노를 가지고 이 땅에서 사역하셨습니다. 하지만 우리는 예수님처럼 거룩한 사람이 아니기에 계속해서 하나님 앞에 나아가야 합니다. 주님의 사랑과 공의 때문에 분노하기에 앞서 "하나님, 나도 타락한 공동체의 일원입니다. 함께 아파하며 하나님의 분노를 갖게 하소서"라고 기도해야 합니다. 주님 앞에 회개하고, 하나님의 의로운 분노를 품고 나아갈 때 역사가 바뀌고 하나님의 일이 나타날 것입니다.

참회의 기도

사랑의 하나님,
우리는 주님의 은혜를 잊고 오만하게 살았습니다.
지식은 우리를 우쭐대게 만들었습니다.
재물은 우리를 더욱 탐욕스럽게 만들었습니다.
권력은 우리를 야망을 향해 달려가도록 부추겼습니다.
신앙은 형식적인 종교로 굳어져 우리를 편협한 자로 만들었습니다.
마음이 교만해지기 시작하니 눈이 가려지고 귀도 닫혔습니다.
영혼이 기쁨을 잃어버리니 이웃을 위한 축복의 통로가 되지 못하고
오히려 이웃을 아프게 하는 갈등의 주역이 되고 말았습니다.

기쁨의 근원이신 주님께 영과 진리로 나아가길 원합니다.
주님 앞에 회개하는 간절한 심정으로 나왔으니
우리의 영혼을 다시 주님의 기쁨으로 충만하게 하소서.

10장
불쌍히 여기시다

예수께서 나오사 큰 무리를 보시고 그 목자 없는 양 같음으로
인하여 불쌍히 여기사 이에 여러 가지로 가르치시더라

 마가복음 6장 34절

감정을 표현하신 예수님

예수님은 감정 표현을 어떻게 하셨을까요? 감정 표현은 매우 인간적인 것이라 할 수 있습니다. 그 안에 그 사람의 생각과 인격이 들어 있기 때문입니다. 예수님도 내면에 감정을 품고 때로는 그것을 표현하셨습니다. 한 영혼이 하나님 앞에 나올 때 어린아이같이 기뻐하며 좋아하셨습니다. 그러나 하나님의 뜻을 의도적으로 훼방하고 거스르는 사람들을 향해서는 화를 내셨습니다.

사람을 움직이는 힘 중에서 가장 강력한 것은 사랑입니다. 그런데 그 사랑은 전혀 다른 힘으로 바뀔 수 있습니다. 하나는 사랑이 배신을 당할 때 나타나는 힘, 바로 분노입니다. 그리고 다른 하나는 사랑이 진정한 내공이 되어 나오는 힘, 바로 남을 불쌍히 여기는 긍휼입니다.

예수님은 무언가 가졌다고 마치 굉장한 것을 가진 것처럼 행세하는 오만한 자, 가진 것으로 자기 욕심만 채우는 탐욕스러운 자, 더 나아가 가진 것을 자기만을 위해 휘두르며 남을 억압하는 자, 다른 사람들 위에 군림하려는 자를 비판하셨습니다.

예수님은 가진 것이 돈과 재물이든, 지식이나 권력이든 상관없이 가난한 자들을 외면하는 부자, 배우지 못한 자들을 경멸하는 지식인, 힘없는 자들을 억누르고 남의 것을 빼앗는 권력자를 향해 분노하셨습니다. 무엇보다도 종교와 하나님의 이름으로 자기 기득권에 안주하는 종교 지도자들을 보며 "화 있을진저"라는 저주까지 퍼부으셨습니다.

그렇다고 예수님이 부자, 지식인, 권력자, 종교 지도자들을 다 매도하신 것은 아닙니다. 실제로 숨겨진 인물 중에는 예수님을 도왔던 부자와 지식인, 권력자와 종교 지도자도 있습니다. 그러나 그들은 일부에 불과했고 예수님의 마음은 그것으로 흡족하지 않으셨던 것입니다.

무언가 가지고 있다는 것은 축복입니다. 우리가 가진 건강과 재물, 지식, 권력은 받은 선물입니다. 그런 것을 하나님이 우리에게 주신 사명으로 감당해야지, 나의 특권이나 나만을 위한 독자적인 권력 또는 힘으로 사용해서는 안 됩니다. 그때 예수님은 분노하십니다.

연약한 자를 불쌍히 여기신 예수님

그렇다면 예수님이 불쌍히 여기신 자들은 누구입니까? 예수님께 가까이 온 자들로 그들은 가난한 사람이었습니다. 애통하는 자, 온유한 자, 상처 난 자, 질병 때문에 탄식하는 자, 귀신의 억압으로 정체성을 잃어버린 자, 소외당하고 버림받은 자였습니다. 그들에게는 문제가 없었을까요? 그들은 있는 자들과 달리 겸손했을까요? 아닙니다. 그들에게도 문제는 있었을 것입니다. 어쩌면 더 많은 시기와 다툼, 탐욕이 있었을지도 모릅니다.

그런데 놀랍게도 예수님은 그런 자들에게 화를 내거나 분노하신 적이 없습니다. 그들이 이미 이 땅에서 고통스러운 대가를 치르고 있었기 때문입니다. 그들은 처절할 정도로 힘들고 슬프고 외로웠습니다. 절망 속에서 큰 아픔을 겪으며 탄식의 삶을 살고 있었습니다. 그래서 예수님은 그들에게 먼저 위로를 전하며 희망이 있다는 사실을 알려 주셨습니다. 지금 있는 자리에서 일어나 용기를 갖고 살라고 그들을 초청해 주신 것입니다.

본문을 보면 그들을 향한 예수님의 마음을 느낄 수 있습니다.

> 예수께서 나오사 큰 무리를 보시고 그 목자 없는 양 같음으로 인하여 불쌍히 여기사 이에 여러 가지로 가르치시더라 (막 6:34).

예수님이 계신 곳이면 어디든지 사람들이 모였습니다. 큰 무리를 보셨다는 부분에서 그곳에도 이미 많은 사람들이 예수님께 나아왔음을 알 수 있습니다.

이 이야기의 앞부분에서 예수님은 제자들을 각 마을로 파송하셨습니다. 제자들은 하나님 나라를 선포하고 하나님 나라가 가까이 왔음을 열심히 증거했습니다. 그러자 사람들이 회개하는 역사가 일어났고 치유와 기적의 역사가 일어났습니다. 제자들은 기쁜 마음으로 돌아와 예수님께 그 사실을 보고했습니다. 예수님도 제자들과 함께 기뻐하며 이렇게 생각하셨습니다. '정말 충성스럽고 신실한 제자들이구나. 그동안 쉴 틈 없이 너무 고생했다. 아니, 식사할 겨를도 없이 바쁘게 살았구나.' 그래서 예수님은 제자들에게 쉼을 요청하셨습니다.

이르시되 너희는 따로 한적한 곳에 가서 잠깐 쉬어라 하시니 이는 오고 가는 사람이 많아 음식 먹을 겨를도 없음이라 이에 배를 타고 따로 한적한 곳에 갈새(막 6:31-32).

성경에는 예수님과 제자들이 음식을 먹을 시간조차 없었다고 기록되어 있습니다. 그들이 얼마나 열심히 사람들을 만났는지 알 수 있는 부분입니다. 그래서 예수님이 쉼을 위해 사람들이 없는 조용한 곳으로 가자고 작정하셨습니다. 그런데 상황이 어떻게 되었습니까?

그들이 가는 것을 보고 많은 사람이 그들인 줄 안지라 모든 고을로부터 도보로 그 곳에 달려와 그들보다 먼저 갔더라(막 6:33).

예수님이 계신 곳을 안 사람들은 그분 앞으로 몰려들었습니다. 사람들 때문에 예수님과 제자들은 휴식을 취할 수 없었습니다. 요즘 연예인들처럼 예수님의 사생활이 침해를 받았던 것입니다. 생각해 보십시오. 우리였다면 그런 상황에서 "우리도 좀 쉬자. 밥 좀 먹자. 다른 데 갔다가 이따 와라"고 말하며 화를 냈을지도 모릅니다.

그러나 예수님의 마음은 그들을 보고 움직였습니다. 사모하는 마음으로 기다리며 말씀 듣기를 열망하는 사람들, 하나님 나라를 통해 새로운 희망을 꿈꾸는 사람들을 보면서 마음을 바꾸신 것입니다. 그들을 안타깝고 불쌍하게 여기며 이렇게 생각하셨습니다. '이 사람들이 목자 없는 양처럼 흔들리는구나. 마치 길을 가다가 부모를 잃어버린 어린아이처럼 방치되어 있구나.' 그래서 예수님은 식사하시는 것도 잊고 다시 그들 앞에서 하나님 말씀을 가르치셨습니다.

▎불쌍히 여기는 마음 없음을 비판하신 예수님

성경에는 예수님이 그들을 '목자 없는 양'처럼 느끼셨다고 전합니다. 양이 목자를 잃어버리면 어떻게 될까요? 들에서 짐승의 밥이 되거나 도적에게 잡혀갈 수 있습니다. 그런데 예수님의 눈에는 그곳에 모인 사람들의 모습이 꼭 그렇게 보인 것입니다.

당시에는 정말 목자가 없었을까요? 아닙니다. 자신이 지도사라며 거들먹거리는 사람들이 가득했습니다. 권력을 가진 자, 율법을 판정하는 자, 율법을 가르치는 선생으로 스스로 자랑스럽게 여기는 인물이 많았습니다. 바리새인, 서기관, 제사장, 백성의 장로, 사두개인, 정치 권력자 모두 스스로 지도자라고 여겼을 것입니다.

그런데 예수님은 "목자가 없다"라고 비판하셨습니다. 그들이 지도자나 목자가 아니라는 것입니다. 무슨 뜻일까요? 양을 불쌍히 여기는 목자가 없고 양을 이용하려는 가짜 목자만 있다는 것입니다. 즉 진정한 지도자를 찾기가 어렵다는 뜻으로, 당시에는 양이 목자를 위해 존재한다고 여기는 거짓 지도자들만 가득했던 것입니다.

우리가 지도자를 뽑는 이유는 공동체를 위함입니다. 지도자를 위해 공동체가 있는 것이 아닙니다. 교회도 마찬가지입니다. 목사를 위해 성도들이 있는 것이 아니고 성도들을 위해 목사가 존재하는 것입니다. 장로, 권사도 마찬가지입니다. 즉 지도자는 공동체를 위한 사람입니다.

그것이 체력이든 금력이든, 권력이나 지혜든 우리가 가진 것이 넘치고 커질수록 더 풍부해져야 하는 성품이 있습니다. 바로 넉넉하고 너그러운 마음, 이웃을 불쌍히 여기는 마음입니다. 그런데 우리는 힘이 생기면 그동안 당했던 일, 설움을 겪었던 일들이 먼저 떠오르고 그것을 제대로 갚고 싶어 합니다. '나를 우습게 알았지? 내가 이런 힘을 가진 자란 걸 몰랐지? 내가 당한 것을 그대로 갚아 줄 거야.' 하지만 이것은 보복의 마음이며 미움과 분노입니다.

혹시 가정의 책임자입니까? 직장의 대표입니까? 지도자라고 할 수 있는 영역에 속해 있습니까? 그 자리는 나 자신이 아니라 공동체를 위한 것임을 잊지 말기 바랍니다. 그것을 잊어버리면 공동체는 붕괴됩니다. 높이 올라가고 많이 가지고 배울수록 다른 사람을 불쌍히 여기는 마음이 필요합니다. 무엇보다 연약한 사람들을 불쌍히 여길 줄 알아야 합니다. 그 마음은 남을 위해 배려하겠다는 결심이며 연약한 사람을 위해 마음의 문을 열겠다는 다짐입니다. 또한 나 중심의 삶에서 이웃을 위한 삶으로 바꾸겠다는 결단입니다.

▮ 함께 아파하는 마음

예수님이 하신 '불쌍히 여기다'라는 말을 원어로 살펴보면 그 뜻이 더 강력합니다. '창자가 타들어 가다'라는 뜻으로, 한마디로 말해 '내장이 아프다'라는 말입니다. 우리도 너무 안타까울 때 "애간장이 탄다"라고 하지 않습니까? 그것이 예수님이 말씀하신 '불쌍히 여기다'의 진짜 의미입니다. 그 마음이 있는 자리에서 생명이 살아나고 치유가 나타나고 회복이 일어납니다. 그만큼 소중한 마음입니다.

우리가 지금처럼 복을 받으며 사는 것은 누군가 나를 불쌍히 여겼기 때문입니다. 가장 먼저 핏덩이 같은 나를 불쌍히 여긴 어머니가 있습니다. 어머니가 똥오줌을 치우는 궂은일도 마다하지 않고 감당하신 덕분에 우리가 생명을 누리며 이렇게 성장한 것입니다. 불쌍히 여기는 마음은 기도하고 손을 열게 합니다. 지금도 누군가 우리를 불쌍히 여기기 때문에 우리가 이 세상에서 살고 있는 것입니다.

그런데 불쌍히 여기는 것 같지만 실제로는 그렇지 않은 태도가 몇 가지 있습니다. 첫째, 하나님의 공의를 망각한 불쌍히 여김입니다. 그것은 동냥에 불과합니다. 어머니가 자식을 불쌍히 여기는 것처럼 더 큰 사랑이 어디 있을까요? 그런데 어머니의 사랑도 공의가 없으면 독이 됩니다. 자기 성질에 못 이겨서 자녀를 불쌍히 여기고 자기 욕심을 채우기 위해 자녀를 키우는 사람도 있습니다. 자녀를 잘 키웠다는 것을 보여 주고 싶어서 자녀에게 집착하는 어머니도 있습니다. 그러나 그것은 진정한 사랑과 불쌍히 여김이 아닙니다.

둘째, 진심이 결여된 불쌍히 여김입니다. 인격과 결합하지 않은 불쌍히 여김은 값싼 동정에 지나지 않습니다. 자기만족을 위한 경박한 쾌락주의에 불과합니다. 진정성이 있어야 참된 불쌍히 여김입니다.

셋째, 독선과 교만이 담긴 불쌍히 여김입니다. '나는 주는 자고 너는 받는 자야. 나는 베푸는 자고 너는 그것을 받는 자야. 나는 위에 있는 자고 너는 밑에 있는 자야'라는 마음으로 누군가를 불쌍히 여기면 상대방은 상처를 입게 됩니다.

예수님이 왜 이 땅에 내려오셨습니까? 하늘에서 그냥 "용서한다. 내가 너희를 사랑한다"라고 말씀하시고 끝낼 수도 있는데 그렇게 하지 않으신 이유는 한 가지입니다. 진정으로 우리를 불쌍히 여기셨기 때문입니다. 그래서 예수님은 나처럼 죄인이 되셨고 나처럼 아파하셨고 나처럼 슬퍼하셨습니다. 나처럼 외로우셨고 나처럼 절망하고 낙심하면서 내 상처를 대신 지고 십자가의 길을 가셨습니다. 불쌍히 여기는 마음으로 낮아지신 것입니다.

프레드릭 뷰크너(Frederick Buechner) 목사는 '불쌍히 여김'이라는 단어를 '궁극적으로 당신에게 평화와 기쁨이 없는 한 내게도 평화와 기쁨이 결코 있을 수 없다는 인식'이라고 정의합니다. 당신이 평화롭지 않으면 나도 평화롭지 않다는 마음, 당신이 기뻐하지 않으면 나도 기뻐할 수가 없다는 마음, 그 마음이 불쌍히 여기는 마음이라는 것입니다.

또한 '불쌍히 여기다'는 영어로 'compassion'입니다. 여기서 'com'은 '함께', 'passion'은 '아파하다'라는 뜻입니다. 즉 함께 아파하고 슬퍼하고 문제를 나누는 것이 '불쌍히 여기다'의 참된 의미입니다.

긍휼의 자리에서 시작되는 하나님의 역사

우리 한 사람이 불쌍히 여기는 바로 그 자리에서 새로운 역사가 일어납니다. 예수님의 치유와 기적을 보면 그분이 기적을 행하시기 전에 "예수님이 불쌍히 여기다, 민망히 여기다, 긍휼히 여기다"라는 말씀이 반복되어 나타납니다. 병을 치유받고 귀신이 쫓겨 나가는 것, 본문 다음에 일어나는 5,000명을 먹이신 사건도 모두 불쌍히 여기는 마음에서 시작되었다고 성경에 분명히 기록되어 있습니다.

우리도 1년에 한 번쯤은 구제와 봉사 팀에 참여해서 연약한 사람들을 살피는 기회를 가져 보는 것은 어떨까요? 때로는 나보다 잘난 사람들보다 나보다 연약한 사람들을 보면서 배우는 것이 더 많을 때가 있기 때문입니다. 또 2-3년에 한 번쯤은 선교 여행을 하면서 내가 얼마나 소중한 존재인지 깨닫기를 바랍니다. 청소년이나 청년들이 우리나라보다 열악한 지역으로 선교를 다녀와서 꼭 간증하는 내용이 있습니다.

"그렇게 어렵게 사는 사람들이 있는지 처음 알았어요. 열악한 환경에서 살아가는 사람들을 보며 '나는 참 행복한 사람이구나' 하는 생각이 들었습니다. 우리나라에서 사는 것이 얼마나 큰 행복인지, 아버지와 어머니가 이렇게 나를 키워 주신 것이 얼마나 감사한 일인지, 내게 주신 믿음과 하나님 사랑이 얼마나 큰 축복인지를 깨닫게 되었어요. 이제는 불평하고 우울해하면서 살지 않을 거예요."

갈수록 살벌해지는 이 세상에는 예수님이 우리에게 보여 주신 따뜻한 마음, 긍휼이 여기는 마음, 불쌍히 여기는 마음이 더욱 더 필요합니다. 그 마음이 있을 때 우리의 공동체에 변화가 일어날 것입니다. 특히 지도자일수록 넉넉한 마음은 더 필요합니다. 불쌍히 여기는 마음이 있을 때 공동체가 살아나고 공동체의 문제가 해결되며 새로운 비전이 생기기 때문입니다. 그 놀라운 축복을 삶 속에서 경험할 수 있기를 바랍니다.

"하나님, 내게는 긍휼함이 없습니다. 불쌍히 여김이 없습니다. 예수님이 나를 불쌍히 여기시는 그 마음을 갖게 해주세요"라고 기도하십시오. 그러면 하나님이 그 마음을 주실 것입니다.

03

그분은
무엇을 위해
사셨나

11장 나그네의 삶을 사시다

12장 눈물을 흘리시다

13장 죽음을 두려워하시다

14장 두려움을 극복하시다

15장 질문 앞에 서시다

11장
나그네의 삶을 사시다

예수께서 무리가 자기를 에워싸는 것을 보시고 건너편으로 가기를 명하시니라 한 서기관이 나아와 예수께 아뢰되 선생님이여 어디로 가시든지 저는 따르리이다 예수께서 이르시되 여우도 굴이 있고 공중의 새도 거처가 있으되 인자는 머리 둘 곳이 없다 하시더라 제자 중에 또 한 사람이 이르되 주여 내가 먼저 가서 내 아버지를 장사하게 허락하옵소서 예수께서 이르시되 죽은 자들이 그들의 죽은 자들을 장사하게 하고 너는 나를 따르라 하시니라

마태복음 8장 18-22절

피할 수 없는 외로움

우리나라의 어두운 면 중 하나는 높은 자살률입니다. 12년 동안 OECD 국가 중 자살률 1위였던 우리나라는 2017년 기준으로 2위 국가가 되었습니다. 하지만 그것도 평균에 비하면 높은 비율입니다. 한편 청소년의 자살률도 만만치 않습니다. 전체 자살률의 30%에 육박할 정도로 심각하며, 더욱이 지난 10년 동안 청소년의 자살률이 2배나 급증했다는 것은 매우 우려할 일입니다.

점점 늘어나는 청소년 자살에 대한 대책 마련을 위해 한 포털 사이트에서 청소년들의 자살 원인을 조사했습니다. 그 결과 성적과 진학 문제가 19.6%, 학교 폭력이 20.5%로 나타났습니다. 그리고 44.3%라는 가장 큰 비중을 차지한 것은 외로움이었습니다. 아무도 자신의 문제와 고민과 아픔을 이해하는 사람이 없다는 것입니다. 그것은 청소년들이 부모와 친구나 형제도 나를 이해하지 못한다는 외로움에 휩싸여 있다는 현실을 보여 줍니다.

그런데 그 외로움은 청소년들만의 문제가 아닙니다. 외로움은 인간이면 누구나 실감하는 가장 처절하고 힘든 삶의 문제입니다. 누군가가 이렇게 말했습니다.

인간이 살면서 피할 수 없는 것 세 가지가 있는데 첫 번째는 죽음이다. 살아 있는 자들은 반드시 죽기 때문이다. 두 번째는 세금이다.

이 땅의 백성으로 살면서 나라에 세금을 내는 것은 당연한 의무이기 때문이다. 세 번째는 외로움이다. 인간이 살면서 깨닫는 것은 나는 혼자라는 것이기 때문이다.

살면서 '나는 혼자구나. 홀로 이 땅에 왔다가 결국 또 홀로 인생을 마치는구나'라고 깨닫는 순간의 외로움, 그것이 모든 인간에게 있다는 것입니다.

힘이 되는 외로움

우리의 삶은 왜 그렇게 바쁘고 시끄러울까요? 우리나라 사람들은 왜 그렇게 '빨리빨리'를 좋아하는 걸까요? 사람들은 과도하게 움직이면서 자신의 삶이 매우 의미 있다고 스스로 위로합니다. 어쩌면 그것은 스스로 외롭지 않다는 것을 증명하기 위한 허세일 가능성이 많습니다. 마음의 외로움과 공허함을 바쁜 일상으로 덮어 보려는 위장일 수도 있다는 말입니다.

왜 우리나라가 전 세계 술 소비 국가 중 1위일까요? 그것도 독한 술, 독주 소비 세계 1위라는 오명을 입고 있습니다. 그뿐만이 아닙니다. 육체의 쾌락에 빠져들게 하는 환락가는 곳곳에 침투해 있습니다. 그것은 외로움으로부터 도피하고픈 인간의 비명이 아닐까요?

인간의 가장 원초적인 감정은 외로움, 고독하고 쓸쓸하다는 느낌입니다. 그런 느낌과 감정은 우리를 황폐하게 하면서 반대로 우리를 순결하고 단단하게 만들어 주기도 합니다. 그래서 사회심리학적으로는 외로움과 고독을 구별합니다.

영어로 외로움은 'loneliness'입니다. 홀로 되어 쓸쓸한 마음이나 느낌으로 고립되어 힘들어하고 고통스러워하는 감정입니다. 그리고 또 하나 'solitude'라는 단어가 있습니다. 이는 '고독 혹은 홀로 있음'을 뜻하며 괴로운 감정 없이 그냥 홀로 있는 상태를 의미합니다. 즉 자기 내면을 음미하고 반성할 수 있는 자리로, 자기 삶을 재충전할 수 있고 홀로 있는 즐거움을 누릴 수도 있는 상태입니다. 외로움과 고독, 두 가지는 함께 어우러져 있습니다. 그래서 누군가는 홀로 있음을 삶을 새롭게 하는 자리로 만들고, 누군가는 홀로 있음 속에서 탄식하며 고통스러워하는 것입니다.

전혀 외롭지 않을 것 같은, 위대한 인물도 마찬가지입니다. 미국 최고의 정치가이자 지도자로 존경받았던 에이브러햄 링컨(Abraham Lincoln)도 당시 모든 사람에게 칭찬을 받은 것이 아닙니다. 엄청난 비난과 공격에 직면할 때가 많았습니다. 그는 노예 해방을 위해 남북전쟁이라는 엄청난 대가를 치르며 나라가 분열되고 상처 난 아픔에 대한 비난을 감수해야 했기에 외로웠습니다.

1865년 4월 14일 밤, 링컨이 암살당한 후에 그의 주머니에 들어 있던 것이 세상에 알려졌습니다. 주머니 속에는 그의 이름을 수 놓은 손수건, 시골 소년들이 사용하는 주머니칼, 실로 수선한 안경 케이스, 5달러짜리 어음이 든 지갑, 가위로 오려낸 낡고 오래된 신문기사 몇 장이 들어 있었습니다.

특히 신문기사가 사람들의 관심을 끌었습니다. 링컨의 외로움을 보여 주었기 때문입니다. 기사는 '에이브라함 링컨은 모든 시대에 걸쳐 가장 위대한 인물 중 한 사람'이라는 내용이었습니다. 위대한 지도자도 외로움을 달래 줄 칭찬이 필요했던 것입니다. 링컨은 신앙인으로 자신이 이끄는 나라를 자랑스러운 나라로 만들겠다는 신념과 신앙으로 달려간 지도자였습니다. 하지만 그 속에 있는 외로움은 쉽게 사라지지 않았던 것 같습니다.

예술가의 경우는 어떠할까요? 예술가들은 대부분 '고독한 창조자'라고 할 수 있습니다. 그들은 나름대로 고독의 터널을 통과하며 살아가는데 그런 인물 중 하나가 베토벤입니다. 베토벤은 1796년 26세 무렵부터 청력을 잃기 시작합니다. 그리고 44세가 되던 1814년에는 완전히 들을 수 없게 됩니다. 점점 들리지 않아 고통을 당하던 32세 때 그는 동생에게 이렇게 편지를 썼습니다.

내 옆에 있는 사람은 멀리서 들려오는 플룻(flute) 소리를 듣는데 나는 아무것도 들을 수 없었다. 어떤 사람은 목동의 노래 소리를 듣는데 또다시 나는 아무것도 들을 수가 없었다. 이 얼마나 수치스러운 일인가? 이런 일이 나를 절망으로 내몰았다. 절망감이 점점 깊어지면서 삶을 끝내고 싶은 마음이 들었다. 그런데 그때도 나를 붙잡아 준 것은 오직 나의 예술이었다.

그에게 자살 충동이 있었다는 것입니다. 하지만 역설적으로 음악가에게 가장 치명적인 청력 상실로 외로움에 빠져들 때 그는 음악을 통해 다시 살아납니다. 어느 베토벤의 전기 작가는 그에게 닥친 외로움의 위기가 그를 음악에만 전념하게 했기에, 그가 위대한 음악가가 될 수 있었다고 말합니다.

외로움을 마주하라는 물음

우리는 어떻습니까? 외롭습니까, 고독합니까? 홀로 있다는 탄식이 저절로 나옵니까? 외로움은 분명 우리에게 슬픔으로 다가옵니다. 그러나 외로움을 '홀로 있음'의 자리로 승화시키면 우리의 삶에 새로운 장이 열리는 것을 볼 수 있습니다.

본문 속 예수님도 외로우셨습니다. 예수님은 단독자로 십자가 고난의 길을 가셨습니다. 그것은 아무도 칭찬하지 않는, 힘든 길이었습니다. 그럼에도 예수님은 사람들이 비천하다고, 인간이 가야 할 길이 아니라고 조롱하는 그 길을 홀로 가셨습니다. 그것이 바로 우리 예수님의 모습입니다.

본문은 한 서기관이 예수님께 다가온 것으로 시작합니다. 서기관은 구약 율법의 전문가입니다. 그는 율법으로 보니 예수님이 특별한 사람 같기에 '저 분이 지혜자가 아닐까? 예언자가 아닐까?' 하는 마음으로 예수님께 가까이 갔습니다. 예수님을 알고 싶었기 때문입니다.

한 서기관이 나아와 예수께 아뢰되 선생님이여 어디로 가시든지 저는 따르리이다(마 8:19).

예수님은 자기를 따르겠다고 하는 서기관을 보셨습니다. 준수하고 모범적인 사람으로 옳은 일이라면 뒤따를 만한 용기도 있어 보입니다. 그럼에도 예수님은 그를 시험하십니다. 그의 실존 자체를 흔들어 보시려는 것이었습니다. "네가 왜 나를 따르려고 하느냐? 나를 따르면 무슨 상이 있다고 생각하느냐? 나를 따르는 것이 무엇인지 진정 아느냐? 네가 홀로 있음을 경험할 수 있느냐? 외로움을 넘어설 수 있느냐?" 그렇게 묻고 싶으셨던 것입니다. 그래서 예수님은 그분이 가고 있는 길이 어떤 것인지를 그에게 가르쳐 주십니다.

예수께서 이르시되 여우도 굴이 있고 공중의 새도 거처가 있으되 인자는 머리 둘 곳이 없다 하시더라(마 8:20).

예수님은 아무것도 갖고 있는 것이 없다고 말씀하십니다. 집도 없고 가정도 없고 재산도 없고 사람들에게 보호받지도 못하며 허허벌판에 홀로 던져진 존재처럼 살고 계시다는 것입니다. 나그네와 떠돌이처럼 외로움 속에서 십자가의 길을 가고 있다고 서기관에게 알려 주셨습니다. "저 여우를 보아라. 굴이 있지 않느냐? 저 공중에 나는 새를 보아라. 둥지가 있지 않느냐? 그래서 자기의 가족과 함께 살고 있지 않느냐? 하지만 나는 홀로 이 길을 간다."

결국 서기관에게 "네가 이 길을 가기 전에 먼저 배워야 할 것이 있다. 바로 포기하는 법이다. 자랑하기 전에 겸손해지는 자리까지 내려와야 한다. 네가 누리고 있는 기득권을 내려놓을 수 있느냐? 네가 바닥부터 다시 시작할 수 있느냐? 네가 외로운 자리에 가도 그것을 견디어 낼 수 있느냐?"라고 물으신 것입니다.

▌자발적인 외로움의 길

신앙의 시작에는 고독이 전제되어 있습니다. 우리의 신앙이 요동치는 이유는 그 고독 없이 시작하기 때문입니다. 신앙이란 예수님을 나의 주님으로 섬기는 것입니다. 예수님이 삶의 전체이기 때문에 내가 가지고 있는 좋은 것이 모두 아무것도 아니라는 사실에서 출발하는 것입니다. 그러면 모든 것이 감사이자 은혜요 기쁨이며 하나님의 선물이자 축복이 됩니다.

그런데 내가 가지고 있는 것을 쥐고 예수님을 따라가니 문제입니다. 내게 있는 것이 조금만 없어지면 불평하고, 내가 누리고 있는 것을 누구에게 조금이라도 빼앗긴다고 생각하면 '아니, 어떻게 이렇게 나를 돌보십니까!' 하고 하나님께 항의하지 않습니까? 안타깝지만 바로 그것이 우리의 모습입니다.

성경에는 서기관이 예수님을 따랐는지에 대한 기록이 없습니다. 아마 그는 주저했을 것입니다. 그의 지성과 종교적인 명예가 예수를 따라가지 않아도 된다고 설득했을 것입니다. 가진 것을 놓아야 한다는 두려움이 도전하려는 그를 포기하게 했을 것입니다. 전형적인 지성인과 중산층의 모습입니다. 내 손에 무언가 쥐어야 인생을 그럭저럭 살 수 있다고 생각하는 사람들의 전형적인 모습이기도 합니다.

테레사 수녀는 이렇게 말했습니다. "자기를 좋아하는 사람도, 자기를 필요하다고 여기는 사람도 없다고 느낄 때 오는 고독감이 가난 중의 가난이다." 바로 그 고독한 길을 예수님이 가셨습니다. 십자가의 길은 누구도 좋아하지 않는 길로 아무도 그 길이 필요하지 않다고 생각했습니다. 모두 그것을 예수 자신의 죄와 무능과 행위 때문에 받는 하나님의 형벌이라고 생각했습니다.

하지만 예수님이 지신 십자가는 나의 죄악을 위한 허물의 십자가였고, 그분이 가신 길은 내가 받을 고통을 대신 받는 고난의 길이었습니다. 사람들은 예수님이 부활하신 다음에야 그것을 깨달았습니다.

헨리 나우웬(Henri Nouwen)은 "고통으로부터 도망치지 않고 긍휼한 마음으로 그 고통을 만지는 사람은 치유와 새로운 힘을 얻습니다. 치유의 시작이 고통과 일치감을 맛볼 때라는 사실은 역설적입니다"라고 말했습니다. 고통과 외로움이 다가올 때 거기서 도망가지 않고 긍휼에서 우러나온 연대감으로 그것을 어루만지고 대면하는 사람에게 치유와 회복의 역사가 있다는 것입니다.

예수님은 그렇게 고통을 대면하셨습니다. 그래서 우리가 고통 속에 있을 때 하나님의 긍휼한 연대감으로 우리를 붙잡아 주셨습니다. 예수님의 길은 외로움의 길이었습니다. 예수님은 가난 중의 가난을 경험하기를 자처하셨습니다. 그것은 가장 외롭고 가난한 자의 친구가 되기 위함이었습니다. 예수님은 슬피 울며 화도 내시고 때로는 두려워하기도 하셨습니다. 무엇보다 십자가 고난의 길, 하나님과 단절되는 외로움의 길을 가셨습니다.

그래서 우리는 슬픔 가운데서도 주님 때문에 기뻐할 수 있습니다. 그분의 죄악에 대한 분노 때문에 우리의 죄가 용서받고, 그분의 두려움 때문에 우리가 평안을 누릴 수 있으며, 그분의 외로움 때문에 우리가 하나님을 친구로 만난 것입니다.

외로움을 극복하는 비결

인간이면 누구나 외로움이 있습니다. 그렇다면 어떻게 그것을 넘어설 수 있을까요? 외로움을 슬픔이 아니라 하나님을 대면하는 자리로 승화시키는 것입니다. 그때 하나님이 우리를 찾아오셔서 우리 스스로 내면을 볼 수 있는 자리와 시간을 허락해 주십니다. 그분의 세미한 음성을 들을 수 있게 해주시는 것입니다.

우리가 예배드리는 것은 하나님과 나만의 외로운 시간을 갖는 것입니다. 하나님 앞에서 그분의 음성을 들으며 내 영혼을 돌아보는 것입니다. 그리고 그때 그 자리가 하나님과 함께하는 축복의 자리임을 깨닫게 됩니다. 바로 그것이 믿음의 사람들이 외로움을 극복하는 방법입니다.

예수님이 우리에게 말씀하십니다. "수고하고 무거운 짐 진 자들아 다 내게로 오라. 내게 맡겨라. 내가 너를 쉬게 하겠다. 나는 온유하고 겸손하니 내게 와서 배우라." 그리고 우리에게 질문하십니다. "너는 정말 아무것도 없는 데서부터 출발할 수 있느냐? 바닥에서, 인생의 원점에서부터 다시 시작할 수 있느냐? 네가 그동안 누렸던 명예, 재물, 권력을 다 내려놓고 다시 겸손한 마음으로 신앙의 여정을 시작할 수 있느냐?"

그리고 이어서 물으십니다. "정말 나를 네 인생의 주인으로 삼을 수 있느냐? 그리고 내가 너에게 복이요, 기쁨인 것을 선포할 수 있느냐?" 그 물음에 대답할 수 있을 때 세 가지를 알게 됩니다. 먼저는 하나님, 두 번째는 나, 마지막으로 이웃이 얼마나 소중한 존재인지를 깨닫게 됩니다.

예수님은 홀로 아무도 눈여겨보지 않는 외로운 길을 가셨습니다. 그리고 우리는 그 예수님 때문에 존재합니다. 그러므로 외롭고 탄식하게 되는 삶의 자리가 있거든 조용히 주님 앞에 머리를 숙이고 그분과 대면하십시오. 그곳에서 하나님이 주신 사명이 무엇인지 물으며 하나님의 음성을 들어야 합니다. 우리는 그때 사명을 깨닫고 미래를 향해 달려갈 수 있습니다.

12장
눈물을 흘리시다

가까이 오사 성을 보시고 우시며 이르시되 너도 오늘 평화에 관한 일을 알았더라면 좋을 뻔하였거니와 지금 네 눈에 숨겨졌도다 날이 이를지라 네 원수들이 토둔을 쌓고 너를 둘러 사면으로 가두고 또 너와 및 그 가운데 있는 네 자식들을 땅에 메어치며 돌 하나도 돌 위에 남기지 아니하리니 이는 네가 보살핌 받는 날을 알지 못함을 인함이니라 하시니라

누가복음 19장 41-44절

민족의 아픔에 동참한 사람들

역사를 거슬러 올라가 보면 우리에게는 나라를 잃은 아픔과 애통함이 있습니다. 1926년 6월 〈개벽〉(開闢)이라는 잡지에는 민족의 주권을 잃어버린 슬픔을 표현한 이상화의 시가 실립니다.

시는 이렇게 시작됩니다. "지금은 남의 땅 빼앗긴 들에도 봄은 오는가?" 그리고 시인은 따뜻한 햇살로 다가온 봄의 찬란함을 노래하면서도 "그러나 지금은 들을 빼앗겨 봄조차 빼앗기겠네"라고 시를 끝맺습니다. 시인은 멋진 봄을 만끽하려 하면서도 내 민족, 내 나라, 내 백성이 고통 속에 있는 것을 보면 봄의 기쁨을 마음껏 누릴 수가 없으니 "빼앗긴 들에도 봄은 오는가?"라고 질문한 것입니다.

민족의 독립을 위해 생애를 바쳤던 도산 안창호 선생은 나라 잃은 슬픔에 대해 "저는 우리 민족의 죄인이올시다. 이 민족이 이렇게 저를 위해 주는데, 저는 민족을 위해 아무것도 한 일이 없습니다. 저는 죄인이올시다"라며 한탄했습니다.

1925년 1월 25일자 동아일보에서 그는 "주인(主人)인가? 여인(旅人)인가?" 물으며 백성을 향해 이렇게 호소합니다.

묻노니 여러분이시어, 오늘 대한사회에 주인 되는 이가 얼마나 됩니까? 사기 민족사회가 어떠한 위난과 비운에 처하였는지 사기의 동족이 어떻게 못나고 잘못하든지 자기 민족을 위하여 하던 일을 몇 번 실패하든지 괜찮습니다. 그 민족사회의 일을 분초에라도 버리지 아니하고 또는 자기 자신의 능력이 족하든지 부족하든지, 다만 자기의 지성으로 자기 민족사회의 처지와 경위를 의지하여 그 민족을 건지어 낼 구체적 방법과 계획을 세우고 그 방침과 계획대로 자기의 몸이 죽는 때까지 노력하는 자가 그 민족사회의 책임을 중히 알고 일하는 주인이외다.

백성에게 억압받는 자리에서 그저 무관심으로 '아, 할 수 없구나' 하며 머물러 있지 말고 주인의식을 가지라며 민족의 독립투쟁에 나설 것을 호소하는 것입니다.

1919년 3·1운동 당시 민족 대표 33인의 한 사람으로 독립선언문에 서명했던 남강 이승훈 선생은 3·1운동에 참여하기로 결단하며 이렇게 다짐했습니다. '안방 내 자리에서 편히 죽을 줄 알았더니 이제야 죽을 자리를 찾았구나!' 그는 그 서명 때문에 옥살이를 하다가 출옥을 하면서도 이렇게 외쳤습니다.

다른 사람이 모두 출옥되고 나만 남아 있었는데 나는 실로 조석으로 기도하기를 이와 같이 나오게 되지 말고 하루라도 더 있으면서 우리 형제의 마음을 위로하고자 했소. 지금 경성 감옥에 있는 정치범이 수백 명인데 그중에 종신 징역이 22명이요, 그 외에 10년 이상의 징역을 받은 사람이 수십 명이라. 그들을 불덩이같이 뜨거운 옥 속에 두고 감옥 문을 나서자니 더욱 눈물이 앞을 가리어 차마 발길이 돌아서지 못하였소.

이승훈 선생은 자신보다 형제가 더 소중하고 자신보다 공동체를 위하는 마음이 더 컸습니다. 바로 그것이 민족과 백성을 위해 생명까지 바쳐도 괜찮다는 민족지사의 모습입니다.

기도와 헌신이라는 은혜의 통로

일본의 억압과 핍박이 점점 심해지던 어느 날, 일본 백성뿐만 아니라 우리나라 백성도 신사참배를 하라는 명령을 받았습니다. 신사참배가 무엇입니까? 귀신이 있는 사당에 절을 하는 것입니다.

당시 그것을 민족정신에 위배되는 일이요 우상을 섬기는 것이며 신앙에 위반되는 것으로 여겨 저항하고 항쟁했던 인물이 있습니다. 바로 주기철 목사님입니다. 목사님은 세 번씩이나 검거되어 투옥당했습니다. 마지막으로 투옥되기 전에 목사님은 시무하시던 평양의 산정현교회에서 '5중의 나의 기도'라는 제목으로 설교를 했습니다. 그 다섯 가지 기도는 다음과 같습니다.

첫째, 죽음의 권세를 이기게 하옵소서. 그는 순교의 자리에 들어가게 될 것을 예견하고 있었던 것입니다. 둘째, 장기간의 고난을 견디게 하옵소서. 순교를 각오했어도 너무 오랜 고난에 혹시라도 신앙을 잃어버릴까 염려했습니다. 셋째, 노모와 처자를 주님께 부탁합니다. 자신이 목사라는 이유로 고통받을 가족을 생각하며 애틋한 사랑으로 기도한 것입니다. 넷째, 의에 살고 의에 죽게 하소서. 그의 목표는 하나님 나라와 하나님의 의를 구하는 것으로 분명했습니다. 다섯째, 내 영혼을 주님께 부탁합니다. 십자가 위에서 예수님이 하셨던 마지막 기도를 고백한 것입니다.

특별히 네 번째 "의에 살고 의에 죽게 하소서"라는 기도에서 목사님은 이렇게 심정을 토로했습니다.

못합니다! 못합니다! 이렇듯 그리스도의 진정한 신부는 다른 신에게 정절을 깨뜨리지 못합니다. 그리스도의 신부는 신사(우상)에 절하지 못합니다. 이 몸이 어려서부터 예수 안에서 자라났고 예수께 헌신하기로 열 번, 백 번 맹세했습니다. 예수의 이름으로 밥 얻어먹고 영광을 받다가 하나님의 계명이 깨어지고 예수의 이름이 땅에 떨어지게 된 오늘, 이 몸의 구구도생이 어찌 말이 됩니까? 아! 내 주 예수의 이름이 땅에 떨어지는구나! 평양아, 평양아! 예의 동방의 예루살렘아! 영광이 네게서 떠났도다. 모란봉아 통곡하라! 대동강아 천백 세에 흘러가며 나와 함께 울자! 드리리다, 드리리다. 이 목숨이나마 주님께 드리리다. 칼날이 나를 기다리느냐? 나는 저 칼날을 향하여 나아가리라.

이 땅이 복을 받고 풍요롭게 사는 이유는 무엇입니까? 하나님이 신앙의 선배, 이 나라를 사랑했던 순국열사들의 헌신을 통로로 이 땅에 은혜를 주셨기 때문입니다. 그 덕분에 우리는 축복의 역사를 누리고 있는 것입니다.

눈물을 흘리신 예수님

하나님은 이스라엘 백성을 사랑하셔서 그들을 "내 백성"이라 부르며 그들로 하나님을 섬기게 하셨습니다. 그런데 2,000년 전 예수님이 이 땅에 오셔서 예루살렘을 보셨을 때, 그곳은 통곡할 수밖에 없는 어둠과 슬픔, 타락의 도시였습니다.

본래 '예루살렘'은 하나님의 도성입니다. 그 이름은 '평화의 도시', '샬롬(shalom)의 도성'이라는 뜻을 담고 있습니다. 그러나 예수님의 눈에 그곳은 평화의 도시가 아니라 살육과 전쟁의 위협에 놓인 도시였습니다. 하나님의 정의와 공의는 사라지고 음란과 우상숭배와 거짓으로 가득 차 있었던 것입니다. 하나님께 기도하고 예배드린다고 하면서 사실은 돈과 명예와 권력을 탐하는 자들의 소굴이 되어 있었습니다.

예수님은 그 모습을 보며 탄식하셨습니다. 성경에는 그 시대를 바라보시는 예수님의 아픈 마음이 잘 나타나 있습니다.

예루살렘아 예루살렘아 선지자들을 죽이고 네게 파송된 자들을 돌로 치는 자여 암탉이 제 새끼를 날개 아래에 모음같이 내가 너희의 자녀를 모으려 한 일이 몇 번이냐 그러나 너희가 원하지 아니하였도다 보라 너희 집이 황폐하여 버린 바 되리라(눅 13:34-35).

하나님이 그렇게 부르셨는데 이스라엘이 외면했다는 것입니다. 암탉이 새끼를 그 날개 아래 모으는 것같이 이스라엘을 모으려 선지자들을 보냈지만 이스라엘은 오히려 선지자들을 죽이고 하나님께 거역했다는 것입니다. 그리고 그 일의 중심에는 백성이 아니라 이스라엘의 지도자가 있었습니다. 바로 영적인 지도자를 말합니다. 그들은 하나님의 뜻에 순종하지 않고 백성을 목자 없는 양처럼 내버려두었습니다. 그래서 예수님은 그 백성을 보고 "목자 없는 양과 같구나"라고 말씀하시며 불쌍히 여기셨습니다.

그러나 예루살렘 도성이 심판에 놓여 있다는 사실은 선언하셔야 했습니다. 기다리고 기다렸지만 이제는 마지막 한계에 부딪힌 것입니다.

가까이 오사 성을 보시고 우시며 이르시되 너도 오늘 평화에 관한 일을 알았더라면 좋을 뻔하였거니와 지금 네 눈에 숨겨졌도다 (눅 19:41-42).

예수님은 보아도 보지 못하고 들어도 듣지 못하는 백성, 목이 굳어서 마음으로 깨닫지 못하는 예루살렘 성을 보고 탄식하며 눈물 흘리셨습니다. "너희가 예루살렘 성을 멋있게 지었느냐? 장엄하게 지었느냐? 아니다, 예루살렘은 이미 죽었다. 이제 가능성이 없고 회복의 능력을 상실했다. 그런데 너희는 어찌 그것을 모르고 있느냐?"

당시 영적인 지도자들은 위기 속에서도 "평화다, 괜찮다, 이렇게 살아도 괜찮다"라고 말했지만 그것은 거짓 위로요 사람들을 현혹시키는 말이었습니다. 그런데 사람들은 그 거짓 위로에 속아 옛 질서, 옛 습관, 옛 가치관에 안주했고 성장도, 개혁도 하지 않으려 했습니다. 그래서 예수님은 그 자리에 주저앉아 살려고 하는 것이 곧 재앙이고 하나님의 심판이라고 가르쳐 주신 것입니다.

힘이 있는 예수님의 눈물

예수님은 진정한 혁명을 거부하는 예루살렘 백성을 바라보며 안타까워하셨고 탄식하며 우셨습니다. 그 눈물의 의미는 무엇일까요? 그것은 마치 망나니 같은 아들이 부모를 떠나 마음대로 살아가는 모습을 보며 흘리는 어머니의 뜨거운 눈물과 같습니다. "돌아오라, 돌아오라. 내가 기다린다, 아들아." 예수님은 그 마음으로 예루살렘을 향해 말씀하신 것입니다. 즉 사랑의 눈물이요 하나님의 고통의 눈물입니다.

구약의 예레미야 선지자가 자기 민족이 바벨론 포로로 잡혀가 망하는 것을 보면서 비통한 심정으로 이렇게 토해냈습니다.

어찌하면 내 머리는 물이 되고 내 눈은 눈물 근원이 될꼬 죽임을 당한 딸 내 백성을 위하여 주야로 울리로다(렘 9:1).

예수님도 그런 마음으로 우셨습니다. 하나님의 슬픔과 고통을 품고 우셨습니다. 예수님의 눈물에는 두 가지 힘과 능력이 있습니다. 첫째는 시대를 향한 비판입니다. 그것은 하나님을 적대하는 사람들, 자기 기득권에 안주하는 사람들, 변화와 성숙을 거부하는 사람들, 우상 문화와 가치관에 빠진 사람들을 향한 하나님의 심판이자 비판이라 할 수 있습니다. 그 비통한 눈물은 옛 질서를 향한 조소로 옛 가치관을 끝내겠다는 표지입니다. 실제로 A.D.70년에 로마의 공격으로 예루살렘 성은 완전히 파괴되어 돌 위에 돌 하나 남지 않습니다. 그것이 바로 예수님의 눈물이 가진 첫 번째 능력인 심판입니다.

둘째는 새로운 대안을 만들겠다는 결심입니다. 어머니가 눈물을 흘리는 것은 아직도 기다린다는 뜻이며 변화를 기대하고 있다는 의미입니다. 즉 포기하지 않았다는 것으로 포기하면 눈물은 멈춥니다. 눈물이 있는 한 포기하지 않았다는 선언입니다.

▎눈물이 있는 곳에서 시작되는 변화

우리가 새로운 것을 결심하면서도 자주 무너지는 이유는 무엇일까요? 왜 결심만 반복하는 것일까요? 우리 속에 애통하는 눈물이 없기 때문입니다. 애통하는 눈물이 있으면 조금씩 바뀝니다.

예수님의 눈물은 새로운 시작을 가져왔습니다. 그 눈물을 본 제자들을 통해 예수님은 새로운 역사를 시작하셨습니다. 눈에 보이는 거대한 예루살렘이 아니라 보이지 않는 예루살렘 성, 보이지 않는 하나님의 백성을 만들기 시작하신 것입니다. 그것이 곧 교회요 성도입니다. 우리 안에 하나님이 주신 뜨거운 눈물이 있습니까? 부모로서 흘리는 눈물이 있습니까? 교회를 생각하며 눈물로 기도합니까? 갈라진 이 나라와 북녘의 백성을 생각하면 눈물이 차오릅니까? 그러면 우리나라와 우리 교회, 우리 가정에 소망이 있는 것입니다. 눈물로 기도하며 하나님께 아뢰는 것이야말로 우리의 역사를 이끄는 힘이기 때문입니다 다시 한 번 이 민족과 북녘의 백성, 흔들리는 한국 교회를 생각해 봅니다. 멀리서 조소하듯 비난하는 것으로는 역사가 바뀌지 않습니다. 그러나 내 아픔과 문제로 여기며 눈물로 기도하면 새로운 역사가 펼쳐집니다. 우리는 애통한 마음과 눈물로 하나님의 역사를 이어가는 백성이 되어야 합니다. 눈물이 있는 곳에 소망이 있습니다.

우리가 만날
예수

참회의 기도

사랑의 하나님,
마음은 주님을 닮기 원했지만 그렇게 살지 못했습니다.
시대의 아픔을 보지 못했습니다.
연약한 자, 소외된 자의 울부짖는 소리를 듣지 못했습니다.
남을 불쌍히 여긴다고 했지만 실상은 값싼 동정이었습니다.
남을 구제한다고 했지만 실상은 헤픈 동냥이었습니다.
형식과 모양은 그럴 듯하게 갖추었지만 진정성이 없었습니다.
오직 주님만이 참되고 선한 목자이심을 알면서도
우리는 목자의 따뜻한 배려와 보살핌을 닮아갈 생각은커녕
오히려 목자의 특권만 누리려 했습니다.

예수님의 따뜻하고 넉넉한 마음을 닮아가게 하소서.
그 마음으로 한 사람 한 사람이 축복의 도구로 쓰임받게 하소서.

13장
죽음을 두려워하시다

그들이 겟세마네라 하는 곳에 이르매 예수께서 제자들에게
이르시되 내가 기도할 동안에 너희는 여기 앉아 있으라 하시고
베드로와 야고보와 요한을 데리고 가실새 심히 놀라시며 슬퍼하사
말씀하시되 내 마음이 심히 고민하여 죽게 되었으니 너희는 여기
머물러 깨어 있으라 하시고 조금 나아가사 땅에 엎드리어 될
수 있는 대로 이때가 자기에게서 지나가기를 구하여 이르시되
아빠 아버지여 아버지께는 모든 것이 가능하오니 이 잔을 내게서
옮기시옵소서 그러나 나의 원대로 마시옵고 아버지의 원대로
하옵소서 하시고 돌아오사 제자들이 자는 것을 보시고 베드로에게
말씀하시되 시몬아 자느냐 네가 한 시간도 깨어 있을 수 없더냐
시험에 들지 않게 깨어 있어 기도하라 마음에는 원이로되 육신이
약하도다 하시고

마가복음 14장 32-38절

두려운 죽음의 자리

몇 해 전 베네수엘라 대통령이었던 우고 차베스(Hugo Chavez)가 58세 나이로 사망했습니다. 사인은 심장마비로 임종 당시 옆을 지키던 경호 실장은 대통령이 마지막 순간에 입술을 움직여 "나 죽고 싶지 않다. 제발 나를 죽게 놔두지 말라"고 호소했다고 전했습니다. 독재 권력을 가졌던 대통령의 소원은 '더 살고 싶은 것'이었던 것입니다.

인간이라면 누구나 죽음 앞에서 더 살고 싶다고 할 것입니다. 도대체 죽음이란 무엇이기에 그토록 두려워하는 것일까요? 죽음 앞에서는 우리가 알고 있는 모든 것이 다 초라하고 무력해집니다. 그렇게 좋아하고 즐겨하던 것이 아무런 가치가 없어집니다. 교양, 지식, 재물, 권력, 인생의 가치와 의미, 삶의 모든 보람까지 마치 아침 안개처럼 덧없이 사라지는 것이 죽음입니다.

인류 역사상 유명한 죽음은 철학자 소크라테스와 우리가 주님으로 고백하는 예수 그리스도의 죽음일 것입니다. 소크라테스는 죽음을 담백하게 맞이했던 인물입니다. 그는 요즘 식으로 말해 아주 대범하게 죽음을 받아들였습니다. 오히려 제자들과 친구들이 그를 걱정했습니다. "탈출하시오. 우리가 옥사의 관리들을 다 매수했으니 어서 이곳을 떠나시오." 그러나 소크라테스는 과감하게 그 요청을 거절했습니다. 당시 그는 70세로 살만큼 살았으니 죽을 때가 됐다고 여긴 것 같습니다. 그는 슬퍼하는 친구들에게 말합니다. "여보게들, 용기를 내게나. 단지 내 육체를 매장하는 데 불과하다고만 생각하게." 그리고 그는 서슴없이 독배를 마시고 죽음을 담담하게 받아들였습니다.

분명 죽음이 아쉽고 떨리는 자리인데도 소크라테스가 그렇게 용기 있게 죽을 수 있었던 이유는 무엇일까요? 어쩌면 헬라 철학이 말하는 것처럼 죽음을 영혼이 육체라는 옥으로부터 탈출하는 자유와 해방의 길이라 여겼기 때문일 것입니다.

그런데 우리 주님인 예수님의 죽음은 그와 달랐습니다. 예수님은 죽음 앞에서 통곡하십니다. 십자가의 죽음을 앞두고 겟세마네 동산에서 하신 기도는 처절하기까지 합니다. 이 마지막 수난의 처연한 분위기를 공관복음서의 저자 마태, 마가, 누가는 동일하게 보고합니다.

고민하고 슬퍼하사(마 26:37).

심히 놀라시며 슬퍼하사 말씀하시되 내 마음이 심히 고민하여 죽게 되었으니(막 14:33-34).

예수께서 힘쓰고 애써 더욱 간절히 기도하시니 땀이 땅에 떨어지는 핏방울 같이 되더라(눅 22:44).

예수님이 그렇게 놀라고 슬퍼하며 두려워하셨던 적이 있었습니까? 아니요, 없었습니다. 언제나 당당한 예수님이셨습니다. 오히려 제자들이 놀라고 두려워할 때마다 "두려워하지 말라, 나다"라며 제자들을 격려하고 그들에게 용기를 주셨던 분이 예수님입니다. 그런데 죽음을 앞둔 시점에서는 다릅니다. 하나님의 아들의 모습은 없는 것 같습니다. 지혜와 능력과 담대함이 가득한 모습이 사라진 것처럼 보이기도 합니다.

죽음 앞에서 두려워하신 예수님

예수님은 죽음 앞에서 왜 그렇게 반응하셨을까요? 나이 때문이었을까요? 소크라테스는 70세였지만 예수님은 33세, 청년의 나이에 죽게 되었기 때문일까요? 그래서 예수님이 죽음을 아쉬워하신 걸까요? 아니면 죽음의 모습이 달랐기 때문일까요? 소크라테스는 독배를 마시기만 하면 죽지만 예수님은 육체에 치명적인 고통을 주는 가장 처참한 십자가의 죽음, 양손과 두 발에 못이 박히고 벌거벗긴 채로 부끄러움을 당해야 했기 때문일까요?

로마의 정치가였던 키케로(Marcus Tullius Cicero)는 노예들이 당하는 가장 극단적인 징벌이 십자가라고 말합니다. 가장 잔인하고 혐오스러운 형벌이라는 것입니다. 유대 역사가였던 요세푸스

(Josephus)도 십자가를 가장 비참한 죽음의 형틀이라고 언급합니다. 그만큼 십자가의 죽음은 고통 그 자체였습니다. 예수님도 이 땅에 인간으로 오셨기에 육체의 고통이 힘드셨을 것입니다. 그의 생명이 서서히 꺼지는 것이 안타깝고 고통스러웠을 것입니다. 그러나 단지 그것만으로는 예수님이 지금까지 보여 주신 당당함이 사라진 것을 이해하기 어렵습니다.

그렇다면 죽음에 대한 이해 때문일까요? 소크라테스는 죽음을 육체의 세계를 뛰어넘는 영혼의 자유함이라는 헬라 철학 속에서 이해했습니다. 하지만 예수님은 달랐습니다. 예수님은 죽음이 쏘는 것이며 아픈 것이라 말씀하셨습니다. 죽음이란 생명이 단절되는 하나님의 징계이며 죄악의 결과이기 때문입니다. 하나님은 죄를 미워하시기 때문에 죽음이라는 형틀을 인간에게 주셨습니다. 다시 말해 죽음은 하나님과의 생명의 관계 단절을 뜻하는 것으로, 하나님 앞에서 저주를 받고 버림을 받는 사건입니다.

사도 바울은 예수님의 죽음을 통해 그 놀라운 사실을 깨닫게 됩니다. 성경에 바울이 깨달은 예수님의 죽음과 죽음에 대한 기독교의 이해가 나타납니다.

> 그리스도께서 우리를 위하여 저주를 받은 바 되사 율법의 저주에서 우리를 속량하셨으니 기록된 바 나무에 달린 자마다 저주 아래에 있는 자라 하였음이라(갈 3:13).

예수님은 십자가에 달리실 때 율법의 저주, 하나님의 저주를 받으셨습니다. 사실 그것도 우리의 죄악 때문에 우리의 죽음을 대신해 십자가에 달려 돌아가신 것입니다. 하나님을 "아빠 아버지"라고 부르시던 분이 하나님과의 절대적인 단절을 경험하고 저주를 받으신 것입니다. 예수님은 바로 그것을 견디기 어려우셨던 것입니다.

사랑하는 사람과의 관계에서 가장 큰 슬픔은 단절일 것입니다. 사랑은 함께 있기를 원합니다. 이별이 아픈 이유는 사랑하는 사람이 떠나는 것을 경험하기 때문입니다. 그런데 예수님은 바로 그 단절과 저주를 친히 그분의 몸으로 받아들이셨습니다.

인간의 모습으로 두려움을 극복하신 예수님

그렇다면 예수님은 그 위기를 어떻게 극복하셨을까요? 예수님의 극복에는 몇 가지 단계가 있습니다. 그리고 이 단계에는 인간의 모습이 그대로 담겨 있습니다. 첫째, 예수님은 슬픔과 외로움과 두려움을 스스로 인정하셨습니다. 그분 자신이 고난에 들어갈 수밖에 없다는 사실을 받아들이신 것입니다.

기독교 변증가인 C. S. 루이스는 예수님의 죽음을 이렇게 평가합니다. "인간으로서 참된 삶을 살았던 그분만이 죽음의 공포를 온전히 맛볼 수 있었다." 그분이 참된 인간이었기 때문에 인간이 당하는 모든 슬픔과 탄식, 죽음의 두려움을 온전히 경험하셨다는 것입니다. 예수님은 고난받는 의인으로 그 길을 마다하지 않고 달려오셨습니다. 그리고 마침내 자신과의 마지막 싸움을 하며 겟세마네 동산에서 피땀을 흘리는 고통까지 감내하신 것입니다.

만약 누군가 다가와서 "33세에 죽어라"고 한다면 받아들이겠습니까? 그것도 감당하기 어려운데 혐오스러운 십자가에 못 박혀 죽으라고 하면 어떻겠습니까? 게다가 다른 사람의 잘못과 죄악 때문에 죽으라고 한다면 그것을 받아들일 사람이 어디 있겠습니까? 하지만 예수님은 그 길을 가셨습니다. 두려워하면서도 담담하게 받아들이신 것입니다. 바로 그것이 예수님이 위기를 극복하신 첫 번째 단계입니다.

둘째, 예수님은 사랑하는 제자들에게 마음을 나누셨습니다. "내가 두렵구나. 참으로 죽기까지 괴롭구나"라며 슬픔과 두려움을 제자들과 나누기를 원하셨습니다.

> 말씀하시되 내 마음이 심히 고민하여 죽게 되었으니 너희는 여기 머물러 깨어 있으라 하시고(막 14:34).

예수님은 심히 고민하며 죽기까지 고통스러운 마음을 감추지 않고 제자들에게 보이셨습니다. 하지만 연약한 제자들은 예수님의 죽음을 예상하지 못했습니다. 그래서 예수님이 고통스럽게 기도하시는 중에도 잠을 잤던 것입니다. 심지어 마지막 순간에는 예수님의 제자인 것이 부끄럽고 무서워서 도망갔습니다. 그런데 예수님은 그런 제자들에게 그분의 연약함을 말씀하신 것입니다.

그 제자는 베드로, 야고보, 요한으로, 제자들 가운데 대표로 뽑힌 자들이었습니다. 그럼에도 그들은 예수님의 고통에 참여할 수 없고 그분의 슬픔과 두려움을 이해할 수 없기에 예수님의 마음을 듣고도 깊은 잠에 빠져든 것입니다. 예수님이 그 모습을 보며 물으십니다.

시몬아 자느냐 네가 한 시간도 깨어 있을 수 없더냐(막 14:37).

예수님은 안타까우셨습니다. 그래서 또 한 번 제자들에게 "깨어 있어라"고 말씀하십니다.

두려움을 나누는 일

예수님의 아픔과는 비교할 수 없지만 우리에게도 외로움과 슬픔과 두려움이 있습니다. 우리는 그 마음을 믿음의 친구들에게 말할 필요가 있습니다. 힘들고 피롭고 두렵다고 말할 수 있어야 함니다. 예수님도 그렇게 하셨습니다.

그런데 우리나라에는 두렵다고 말하는 사람을 겁쟁이로 조롱하는 문화가 있습니다. 특별히 남자에게는 더더욱 그렇습니다. 남자들은 세상의 치열한 경쟁 속에 들어가면서 끊임없이 두려움을 느낍니다. 그런데 세상은 두려움을 말하지 말라고, 겁쟁이를 싫어한다고, 눈물을 흘리지 말아야 한다고 합니다.

그래서 대부분의 남자는 두려움과 슬픔을 표현할 수 있는 자유를 박탈당한 채 살아갑니다. 그리고 그렇게 표현하지 못한 마음이 쌓여서 병이 됩니다. 왜 우리나라 40대 남자들의 사망률이 높을까요? 두려움을 표현할 데가 없기 때문입니다. 때로는 이렇게 차곡차곡 쌓아둔 두려움이 남을 비난하고 조롱하며 공격하는 것으로 나타납니다. 자신의 두려움을 다른 모습으로 발산하려는 것입니다. 바로 그것이 한국 사회를 더욱 힘들게 만드는 요인입니다.

예수님은 그분의 마음을 듣고도 잠이나 쿨쿨 잘 제자들에게, 조금 있으면 예수님을 부인하고 도망갈 제자들에게 그분의 문제와 고통, 슬픔을 말씀하셨습니다. 이제 우리도 예수님처럼 속으로 감추지 말고 말할 수 있어야 합니다. 아내와 자녀들에게 "아빠 위해서 기도해 줘, 두렵고 힘들다. 나를 좀 도와주지 않겠니?"라고 이야기해야 합니다.

두려움은 말하면서 반감됩니다. 그러므로 우리는 부모님이나 친구에게 이야기해야 합니다. 그들에게 100%를 기대할 수 없어도 이야기하는 것입니다. 물론 사람에게 이야기하는 것으로는 본질적인 슬픔과 두려움을 이겨낼 수 없습니다. 인간이 얼마나 변덕스럽고 간사합니까? 또 생각은 얼마나 자주 바뀝니까? 그럼에도 예수님은 제자들에게 그분의 아픔과 두려움을 표현하셨습니다. 그것이 두려움을 극복한 예수님의 방법입니다.

두려움을 이기는 순종

셋째, 그분을 이 땅에 보내신 하나님과 담판을 지으셨습니다.

> 이르시되 아빠 아버지여 아버지께는 모든 것이 가능하오니 이 잔을 내게서 옮기시옵소서(막 14:36).

"아버지는 모든 것이 가능하지 않습니까? 내가 꼭 이 죽음의 잔을 마셔야 되겠습니까? 나는 마시고 싶지 않습니다. 다른 길은 없습니까? 내가 아들의 권리를 상실하는 것이 마땅합니까? 아버지께 저주를 받는 이 길을 내가 꼭 가야 합니까?" 예수님은 애통해하며 이렇게 하나님께 물으셨습니다.

하지만 예수님은 알고 계셨습니다. 그것은 그분이 애통해해야 세상이 참된 위로를 받고, 그분이 두려워해야 세상이 하나님이 주시는 용기를 얻으며, 그분이 슬퍼해야 이 땅에서 슬퍼하는 사람들이 다시 즐거워할 수 있다는 사실이었습니다. 그래서 예수님은 고통스러운 자리를 면할 수 있게 해 달라고 하면서도, 우리의 슬픔과 외로움과 두려움 속에 자발적으로 참여하셨습니다.

그리고 한 걸음 더 나아가 "그러나 나의 원대로 마시옵고 아버지의 원대로 하옵소서"(막 14:36)라고 기도하셨습니다. "이제 하나님께 맡기겠습니다. 이 길이 단절의 길, 두려움의 길, 저주의 길, 내 몸이 부서지는 길이지만 하나님께 나를 맡기고 순종함으로 나아가겠습니다." 그분께 순종만 남았음을 선포하신 것입니다. 바로 그것이 예수님이 두려움을 극복하신 모습입니다.

두려움을 이기는 신뢰

어떤 윤리학자가 콜카타의 테레사(Mother Teresa) 수녀를 만났습니다. 그는 남은 인생을 어떻게 보낼지에 대해 명백한 답을 얻기 원해서 테레사 수녀에게 이렇게 말했습니다. "나를 위해 기도해 주세요." "뭐라고 기도해 드릴까요?" "확실하게 대답을 얻도록 기도해 주세요." 그때 테레사 수녀가 웃으며 말합니다. "확실한 답이야말로 당신이 붙들 것이 아니라 내려놓아야 할 것입니다. 나에게 확실한 답이 있었던 적은 없습니다. 나에게 늘 있는 것은 하나님에 대한 신뢰입니다. 당신도 하나님을 신뢰하도록 기도해 드리겠습니다."

지금까지 우리는 인생의 문제 앞에서 확실한 답을 달라고 하나님을 불렀습니다. 그런데 예수님이 보여 주신 모습은 답을 알지 못해도 나를 사랑하시는 하나님께 나의 전체를 맡기는 것이었습니다. 즉 하나님을 신뢰하고 하나님의 사랑에 내 모든 것을 드리는 것입니다. 그때 하나님의 답이 오고, 하나님의 역사가 나타나며, 하나님이 기뻐하시는 인생의 자리가 열립니다. 하나님께 위임하는 것이야말로 우리가 당면한 고통과 두려움의 최고 해결책인 것입니다.

다윗은 시편 27편 10절에서 이렇게 고백합니다.

내 부모는 나를 버렸으나 여호와는 나를 영접하시리이다(시 27:10).

그런데 예수님은 여호와 하나님께 버림받고 외면당하셨습니다. 하나님은 예수님의 마지막 보루인데 하나님이 등을 돌리신 것입니다. 예수님은 마지막 순간에 하나님께 이렇게 기도하십니다. "하나님, 내 모든 것을 주님께 드립니다. 주님의 뜻대로 하옵소서. 내가 주님을 신뢰합니다."

우리가 갖고 있는 두려움은 무엇입니까? 우리의 근심과 걱정,

외로운 탄식은 무엇입니까? 지금 확실한 답이 알고 싶어서 "하나님, 답을 주옵소서"라고 수없이 외치는 것은 무엇입니까? 나의 두려움, 아픔, 슬픔을 모두 믿음의 동역자, 부모님, 배우자, 때로는 자녀에게 있는 그대로 이야기하십시오. 그리고 하나님 앞에 다시 머리를 숙이고 두려움 앞에서 그분께 모든 것을 맡기신 예수님처럼 기도하십시오. "하나님, 하나님의 뜻대로 해주세요. 내 모든 것을 하나님께 맡깁니다. 하나님을 신뢰합니다." 그렇게 하나님 앞에 나아갈 때, 그분은 우리에게 응답하시며 우리의 삶을 새롭게 열어 주실 것입니다.

참회의 기도

사랑의 하나님,
우리는 세상에서 지도자인 척하며 살아왔습니다.
사회적인 지도자, 정치적인 힘과 권력을 지닌 자,
때로는 정신적이고 영적인 지도자를 자처했습니다.
그러나 힘과 권력으로 나의 탐욕을 채우려 할 때가 많았습니다.
나 자신을 중심으로 생각하며 이기적으로 행동했기 때문입니다.

이제 예수님의 마음을 품기를 원합니다.
내 손을 펴서 이웃의 아픔과 슬픔에 동참할 줄 아는
진정한 하나님의 자녀가 되게 하소서.

14장
두려움을 극복하시다

예수께서 이 말씀을 하시고 제자들과 함께 기드론 시내 건너편으로 나가시니 그곳에 동산이 있는데 제자들과 함께 들어가시니라 그곳은 가끔 예수께서 제자들과 모이시는 곳이므로 예수를 파는 유다도 그곳을 알더라 유다가 군대와 대제사장들과 바리새인들에게서 얻은 아랫사람들을 데리고 등과 횃불과 무기를 가지고 그리로 오는지라 예수께서 그 당할 일을 다 아시고 나아가 이르시되 너희가 누구를 찾느냐 대답하되 나사렛 예수라 하거늘 이르시되 내가 그니라 하시니라 그를 파는 유다도 그들과 함께 섰더라 예수께서 그들에게 내가 그니라 하실 때에 그들이 물러가서 땅에 엎드러지는지라 이에 다시 누구를 찾느냐고 물으신대 그들이 말하되 나사렛 예수라 하거늘 예수께서 대답하시되 너희에게 내가 그니라 하였으니 나를 찾거든 이 사람들이 가는 것은 용납하라 하시니 이는 아버지께서 내게 주신 자 중에서 하나도 잃지 아니하였사옵나이다 하신 말씀을 응하게 하려 함이러라 이에 시몬 베드로가 칼을 가졌는데 그것을 빼어 대제사장의 종을 쳐서 오른편 귀를 베어버리니 그 종의 이름은 말고라 예수께서 베드로더러 이르시되 칼을 칼집에 꽂으라 아버지께서 주신 잔을 내가 마시지 아니하겠느냐 하시니라

 요한복음 18장 1-11절

소중한 것을 지키는 힘

이 땅을 살아가면서 우리에게 소중한 것은 무엇입니까? 돈이나 명예 또는 권력입니까? 아마도 그것을 싫어하는 사람은 아무도 없을 것입니다. 한 번 붙잡으면 결코 놓고 싶지 않은 것입니다. 그런데 그보다 더 소중한 것이 있습니다. 바로 믿음, 소망, 사랑입니다. 우리는 믿음과 소망과 사랑이 더 소중한 것을 알기에 주님 앞에 나아가는 것입니다.

그렇다면 진정한 믿음, 소망, 사랑이 되기 위해 우리에게 필요한 것은 무엇일까요? 그것은 믿음과 소망과 사랑을 뒤에서 받쳐 주는 하나님이 우리에게 주신 참된 용기라고 할 수 있습니다.

괴테(Johann Wolfgang von Goethe)가 했던 말이 생각납니다.

재물을 잃은 것은 약간 잃은 것이다. 다시 정신을 차리고 분발해서 재산을 모으면 된다. 명예를 잃은 것은 더 많이 잃은 것이다. 명성을 찾기 위해 더 많이 노력하면 언젠가는 사람들이 다시 기억할 것이다. 그러나 용기를 잃은 것은 전부를 잃은 것이다. 이 세상에 태어나지 않았더라면 더 좋았을 것이다.

용기가 없으면 할 수 있는 일도 다 놓치는 무력증에 빠지기 때문에 용기를 전부라고 한 것입니다.

본문에는 모든 것을 한꺼번에 잃어버린 사람이 등장합니다. 바로 예수님의 제자 중 하나인 가룟 유다입니다. 예수님의 생애 마지막 상황은 아주 급박하게 돌아갔습니다. 예수님을 향한 적대자들의 음모와 공격은 극에 달해 정치 세력과 종교 세력이 예수님을 죽이는 일에 연합했습니다. 예수님이 체포되기 직전이었습니다. 그런데 놀랍게도 그 모든 일을 주도했던 사람이 예수님과 3년간 동역했던 가룟 유다였습니다.

▎겉과 속이 다른 가룟 유다

가룟 유다는 제자 중에 가장 유능한 인물이었습니다. 그 누구보다 계산과 상황 판단이 빨랐습니다. 예수님은 그를 신뢰하셔서 그에게 재정과 공동체의 운영을 맡기셨습니다.

그런데 가룟 유다에게는 처음부터 문제가 있었습니다. 그는 예수님을 사랑한다고 따랐지만 실제로는 그분의 기적과 능력을 더 사모했습니다. 예수님 자체를 사랑한 것이 아니라 그분을 통해 나타나는 부수적인 이득을 원했던 것입니다.

그래서 유다는 똑똑한 인물임에도 마지막 순간에 예수님을 바르게 사랑하지 못한 비겁한 자로 등장합니다. 그야말로 그는 예수님의 뒤통수를 쳤습니다. 그는 반역자의 모습으로 대낮이 아닌

어두컴컴한 밤중에, 그것도 무기를 든 로마 군대를 앞세우고 나타났습니다. 대제사장과 바리새인이 부리는 하인들과 함께 예수님을 체포하러 온 것입니다. 그는 아주 작정하고 그분을 붙잡기 위해 다가왔습니다.

> 유다가 군대와 대제사장들과 바리새인들에게서 얻은 아랫사람들을 데리고 등과 횃불과 무기를 가지고 그리로 오는지라(요 18:3).

'겁쟁이'는 남자들이 못 견딜 만큼 싫어하는 말입니다. 그 말은 '비겁하다', '비굴하다'라는 뜻이고 '비겁하다'라는 말은 '사람됨이 옹졸하고 겁이 많다'라는 의미입니다. 또한 하는 짓이 정당하지 못하고 야비하며 이기적이라는 뜻도 가지고 있습니다.

유다는 비겁한 자였습니다. 괴테의 말처럼 그 비겁함 때문에 그가 좋아했던 세 가지, 즉 돈과 명예와 권력을 잃고 심지어 용기마저 상실했습니다. 돈 때문에 시작한 일이었으나 결국 인간으로서 지녀야 할 덕을 다 잃고 만 것입니다.

예수님은 그런 가룟 유다를 안타깝게 여기셨습니다. 그래서 "그렇게 해서는 안 된다. 그 길은 올바른 길이 아니다"라고 계속해서 유다에게 경고하셨습니다. 다음은 성경에 나타난 예수님의 마지막 경고입니다.

인자는 자기에 대하여 기록된 대로 가거니와 인자를 파는 그 사람에게는 화가 있으리로다 그 사람은 차라리 태어나지 아니하였더라면 제게 좋을 뻔하였느니라(마 26:24).

▎진정한 용기가 없는 베드로

가룟 유다와 대비되는 인물이 베드로입니다. 두 사람 모두 예수님을 배신하고 그분이 가시는 길을 막아서기도 했습니다. 그럼에도 둘 사이에는 결정적인 차이가 있습니다.

가룟 유다의 태도는 의도적이었습니다. 본래부터 그러려는 생각을 가지고 계획을 세워 예수님을 붙잡고 넘어뜨리려 했습니다. 그러나 베드로는 그렇지 않았습니다. 그가 예수님을 배반한 것은 의도적인 것이 아니라 위기 속에서 충동적으로 나온 것입니다. 베드로는 예수님을 배반하기는 했지만 마지막 순간까지 어떻게 해서든 예수님을 따르려고 애썼습니다.

예수님께 그분의 죽음에 대해 들었을 때 베드로는 펄쩍 뛰었습니다. "말도 안 돼요. 지금까지 잘해 오셨는데 왜 수난을 받으셔야 됩니까?" 그러한 베드로를 보시며 예수님은 곧 베드로에게 닥칠 위기를 설명하셨습니다. "네가 오늘 밤 닭이 울기 전에 세 번 나를 부인할 것이다." 베드로는 예수님의 말씀에 강하게 부정했습니다. "말도 안 됩니다. 내가 비록 예수님이 수난받는 것을 원하지 않지만 주님이 수난을 받으신다면 나도 함께 수난을 받겠습니다. 내가 죽을지라도 주님을 배반하는 일은 결코 없을 것입니다!"

베드로의 말이 거짓이었을까요? 저는 그의 마음이 진심이었다고 생각합니다. 그는 예수님을 진심으로 사랑하고 그분을 위해 생명까지 내놓을 용기가 있는 인물이었습니다. 본문을 통해서도 그 사실을 알 수 있습니다.

예수님을 잡으러 유대 하인들이 몽치와 횃불을 들고 나왔습니다. 로마 군인들은 무기를 들고 예수님 앞에 다가왔습니다. 그때 제일 먼저 그 앞을 가로막은 것이 베드로였습니다. 그는 앞장서 있던 대제사장의 종 말고의 귀를 칼로 내리칩니다. 그 상황에서 예수님을 지켜보려고 애쓴 것입니다. 그러나 그 급박한 상황에서 예수님은 베드로의 행동을 꾸짖으시며 그것은 하나님의 뜻이 아니라고 위엄 있게 말씀하셨습니다.

> 이에 예수께서 이르시되 네 칼을 도로 칼집에 꽂으라 칼을 가지는 자는 다 칼로 망하느니라(마 26:52).

"내가 만약 칼로 이 시대를 변화시키려 했다면 하늘에 있는 천군천사를 불러 사람들을 다 뒤집어 놓았을 것이다. 힘이나 칼로 모든 일을 행했을 것이다. 그러나 나의 길은 그런 길이 아니다. 나의 길은 오히려 내가 수난을 받아 사람들의 마음을 변화시키고 이 땅에 하나님 나라를 이룩하는 것이다. 그것이 바로 하나님의 뜻이다." 그렇게 예수님은 베드로에게 하나님의 뜻을 알려 주셨습니다.

물론 당시 베드로가 보여 준 모습은 아주 용기 있었습니다. 하지만 그것은 반짝 용기, 즉흥적인 용기였습니다. 왜냐하면 그렇게 자신만만하던 베드로도 예수님이 체포당하실 때 결국 사라졌기 때문입니다. 예수님을 따라가겠다던 모든 제자가 흔적도 없이 도망친 것처럼 베드로도 그랬던 것입니다.

하나님의 뜻을 아는 자의 용기

예수님은 어쩌면 그렇게 마지막 순간에 당당하실 수 있었을까요? 어떻게 그토록 침착하고 평안하실 수 있었을까요? 겟세마네 동산에서 기도하실 때만 해도 예수님은 번민하며 '이제 죽게 되었구나'라고 탄식하면서 기도하셨습니다. 그런데 어떻게 갑자기 그런 담대한 용기가 생기신 것일까요?

그것은 한 가지입니다. 그 수난의 길이 하나님의 뜻이며 하나님이 원하신다는 것을 아셨기 때문입니다. 그래서 "하나님의 뜻이라면 그것이 죽음의 길이라도 가겠습니다"라고 기도하며 마음을 정하신 것입니다. 본문은 그 사실을 우리에게 더욱 명백하게 가르쳐 줍니다.

> 예수께서 그 당할 일을 다 아시고 나아가 이르시되 너희가 누구를 찾느냐(요 18:4).

성경에는 예수님이 "그 당할 일을 다 아셨다"라고 기록되어 있습니다. 앞으로 닥칠 그 모든 십자가의 길을 알고 받아들이셨다는 말씀입니다. 예수님은 몇 장의 스냅사진뿐만 아니라 그분의 인생 전체 필름을 갖고 계신 하나님께 모든 것을 맡기셨던 것입니다. 그래서 세상이 주지 못하는 하늘로부터의 평안을 경험하실 수 있었습니다.

삶이 얼마나 피곤하고 힘듭니까? 낙심하고 실망할 때, 두렵고 겁날 때도 많습니다. 그것은 우리가 한 치 앞도 예측할 수 없는 불확실한 시대에 살고 있기 때문입니다. 우리는 하루의 스냅사진 때문에 울고 탄식하고 그때마다 근심과 걱정으로, 때로는 분노로 잠을 이루지 못합니다. 그렇게 밤을 새고 맞이한 아침에 보는 내 모습은 스스로 봐도 한심합니다. 눈초리가 사납고 비겁한 눈망울에 두려움이 가득합니다.

그런 한심한 모습을 마주할 때 우리는 어떻게 합니까? 감추고 숨기려 합니다. 그래서 사람들은 방어기제를 통해 두려움을 숨깁니다. 내가 두려움을 갖기 전에 먼저 남을 비난하고 협박하여 상대가 먼저 두려움을 갖게 만드는 것입니다. 이렇듯 비정상적으로 사나워지고 사람들을 비난하며 협박하는 것에는 자기의 두려움을 방어하려는 잘못된 마음이 담겨 있습니다.

하지만 믿음의 사람은 다릅니다. 나를 사랑하고 내가 사랑하는 하나님이 내 인생의 스냅사진이 아니라 전체 필름을 갖고 있다는 사실을 믿고 그분을 의지하기 때문입니다. 결국 믿음은 진정한 용기가 있는 사람만이 가질 수 있습니다. 내가 연약하기 때문에 믿는 것이 아니라 용기가 있기에 하나님을 나의 하나님으로 받아들이는 것입니다.

늘 내 곁에 계시는 하나님

고난을 생각하면 떠오르는 사람이 있습니다. 구약에 나오는 욥입니다. 욥은 자기 인생이 무너지는 것을 보면서 너무 슬펐습니다. 하나님마저 자신을 떠나 그에게 관심이 없는 것같이 느껴져 너무나 외로웠습니다. 자녀들도 그 앞에서 죽었습니다. 그의 아내는 "당신이 믿는 하나님이 대체 어디 있느냐? 당신도 그냥 하나님을 욕하고 죽어버려라"고 말하며 욥을 떠났습니다. 그의 친구들도 크게 다르지 않았습니다. 며칠은 함께 울며 위로하더니 곧 욥을 공격하기 시작했습니다. 아무도 그를 이해하지 못했습니다. 욥은 사는 것이 괴로워서 그냥 죽고 싶었습니다. 그때 그 마음을 이렇게 하나님께 아룁니다.

내가 난 날이 멸망하였더라면, 사내 아이를 배었다 하던 그 밤도 그러하였더라면, 그날이 캄캄하였더라면, 하나님이 위에서 돌아보지 않으셨더라면, 빛도 그날을 비추지 않았더라면(욥 3:3-4).

그는 너무나 고통스러워서 '차라리 태어나던 날이 저주를 받아 나라는 존재 자체가 이 땅에 살지 않았더라면 얼마나 좋았을까' 하는 고난의 탄식을 쏟아냅니다.

그렇다면 욥은 어떻게 고난을 이길 수 있었을까요? 어느 날 욥은 하나님의 음성을 듣게 됩니다. 하나님이 음성으로 욥에게 다가오신 것입니다. 그리고 그 말씀으로 욥의 문제는 해결되었습니다. "하나님이 저를 버리신 줄 알았어요. 하나님이 저를 지켜보시지 않는 줄 알았어요. 하나님이 눈 감고 계시는 줄 알았어요. 그런데 하나님은 그동안에도 쭉 저를 지켜보고 계셨군요." 바로 그 한 가지 깨달음 때문에 억눌렸던 욥의 마음이 풀리기 시작한 것입니다.

그리고 그는 "하나님, 제가 하나님을 귀로만 들었더니 이제는 눈으로 보고 있습니다"라고 고백합니다. 그 속에서 욥을 괴롭히던 모든 고난의 질문이 사라졌습니다. 하나님이 그의 인생의 전체 필름을 갖고 지켜보고 계셨다는 사실을 깨닫게 되자 회복이 시작된 것입니다.

마찬가지로 하나님은 말씀 앞에 선 우리에게 가르쳐 주십니다. "나는 네 인생의 스냅사진이 아니라 전체 필름을 가지고 있다. 그리고 지금까지 너를 지켜보고 있다. 내가 사랑하는 아들, 예수 그리스도를 십자가 위에서 고난당하게 한 것, 고통 속에 있는 예수를 그냥 그대로 바라보았던 것, 그 모든 것은 너를 향한 나의 사랑 때문이란다."

▎두려움을 이기는 사랑

삶 가운데 우리가 갖고 있는 안타까움과 인생에서 만나는 고통의 자리는 어쩌면 아무도 이해할 수 없을지도 모릅니다. 그 순간 하나님께 조용히 아뢰고 하나님의 말씀을 듣기를 바랍니다.

예수님은 그분을 잡으러 온 무리에게 "너희가 누구를 찾느냐"(요 18:4)라고 당당하게 물으십니다. 그리고 "내가 바로 예수다. 너희가 찾는 나사렛 예수가 바로 나다"라며 본문 5절과 8절에서 두 번씩이나 그분 자신을 밝히십니다. 그들은 그 말씀을 듣고 당황하며 무릎을 꿇고 머리를 숙입니다.

"내가 그다"라는 말씀은 하나님이 그분 자신을 표현하실 때 쓰는 메시아의 칭호입니다. 영어로 "나다"는 "I am"으로 표기되며 헬라어로는 "에고 에이미"(Ἐγώ εἰμι)입니다. 즉 예수님은 그분 자신이 누구인지와 가야 할 길을 알고 계셨다는 말입니다. 성경을 통해 그 사실을 다시 한 번 확인할 수 있습니다.

> 예수께서 베드로더러 이르시되 칼을 칼집에 꽂으라 아버지께서 주신 잔을 내가 마시지 아니하겠느냐 하시니라(요 18:11).

예수님은 하나님 아버지가 주신 잔을 사명으로 받아들이셨습니다. 고난보다 사명을 더 크게 느끼신 것입니다. 즉 다가올 죽음보다 하나님의 뜻이 더 컸기에 담대하고 평안한 마음으로 마지막 길을 가실 수 있었던 것입니다. 그것이 모든 두려움을 이기는 능력인 사명의식입니다. 사명을 깨달으면 죽음까지 불사하는 용기가 생깁니다. 하나님에 대한 신뢰와 사랑으로 모든 두려움이 사라지는 것입니다.

그리고 예수님이 하나님 앞에 담대하게 서시게 되자 그분의 눈에 제자들이 보였습니다. 제자들이 걱정되셨던 것입니다. 그래서 아직도 자신의 마지막 길에 대해 제대로 알지 못하는 그들을 향해 넉넉한 마음으로 말씀하십니다.

> 예수께서 대답하시되 너희에게 내가 그니라 하였으니 나를 찾거든

이 사람들이 가는 것은 용납하라 하시니(요 18:8).

"너희가 붙잡으려 한 것은 내가 아니냐? 그러므로 나와 함께 있는 사람들은 그냥 가도록 내버려 두라"고 예수님을 잡으러 온 무리에게 말씀하신 것입니다.

이는 아버지께서 내게 주신 자 중에서 하나도 잃지 아니하였사옵나이다 하신 말씀을 응하게 하려 함이러라(요 18:9).

예수님은 마지막까지 제자들을 챙기셨습니다. 끝까지 사랑과 배려로 그들을 품고 돌봄과 지킴을 행하셨던 것입니다. 예수님은 참으로 선한 목자였습니다.

▌진정한 용기, 곧 기도하는 마음

그렇다면 우리는 어떻게 예수님의 마음으로 이웃을 사랑할 수 있을까요? 하나님 앞에 바로 서서 그분이 주신 믿음으로 담대해지면, 나 자신이 소중한 것처럼 이웃도 소중한 줄 알게 됩니다. 그때 진정으로 이웃을 사랑하는 마음이 열리는 것입니다. 그것이 하나님의 사명을 가진 사람들의 모습입니다. '사명'은 나를 위한 것이 아니라 이웃과 공동체를 위한 것입니다.

우리에게 힘이 있습니까? 돈이 있습니까? 권력과 명예가 있습니까? 그것이 하나님이 주신 사명이라면 가장 위험한 것은 두려워하는 것입니다. 용기를 가지고 그것을 내게 주신 자리요 축복으로 받아들이십시오. 그때 내가 있는 공동체가 축복을 받고 다시 살아나게 됩니다.

나의 인생의 필름 전체를 갖고 계시며 나를 사랑하시는 하나님 앞에 나를 온전히 맡기십시오. 그것이 진정한 용기입니다. '용기'란 걱정과 근심이 하나도 없다는 뜻이 아닙니다. 성도의 용기는 두려움이 있지만 하나님께 기도할 줄 아는 마음입니다. 우리는 기도할 때 주어진 삶을 주님과 함께 담대하게 살 수 있습니다.

15장
질문 앞에 서시다

이에 빌라도가 다시 관정에 들어가 예수를 불러 이르되 네가
유대인의 왕이냐 예수께서 대답하시되 이는 네가 스스로 하는
말이냐 다른 사람들이 나에 대하여 네게 한 말이냐 빌라도가
대답하되 내가 유대인이냐 네 나라 사람과 대제사장들이 너를 내게
넘겼으니 네가 무엇을 하였느냐 예수께서 대답하시되 내 나라는
이 세상에 속한 것이 아니라 만일 내 나라가 이 세상에 속한
것이었더라면 내 종들이 싸워 나로 유대인들에게 넘겨지지 않게
하였으리라 이제 내 나라는 여기에 속한 것이 아니니라 빌라도가
이르되 그러면 네가 왕이 아니냐 예수께서 대답하시되 네 말과
같이 내가 왕이니라 내가 이를 위하여 태어났으며 이를 위하여
세상에 왔나니 곧 진리에 대하여 증언하려 함이로라 무릇 진리에
속한 자는 내 음성을 듣느니라 하신대 빌라도가 이르되 진리가
무엇이냐 하더라 이 말을 하고 다시 유대인들에게 나가서 이르되
나는 그에게서 아무 죄도 찾지 못하였노라

 요한복음 18장 33-38절

우리에게 물으시는 하나님

우리는 죽으면 모두 하나님 앞에 서게 됩니다. 유대 탈무드에 따르면 사람이 죽어서 하나님 앞에 설 때 하늘나라 법정에서 받는 질문이 네 가지가 있다고 합니다.

첫 번째, '세상에서 사는 동안 네게 맡겨진 일을 정직하게 행했는가?'입니다. 생각과 말과 행동, 삶이 일치했는지 묻는 것으로, 즉 겉과 속, 앞과 뒤가 조화롭도록 노력하며 살았는지에 대한 질문입니다. 두 번째, '시간을 정해 놓고 규칙적으로 토라(Torah, 성경)를 읽고 공부했는가?'입니다. 하나님의 백성으로 하나님의 말씀인 율법을 묵상했는지에 대한 질문입니다. 세 번째, '가정을 이루기 위해 노력했는가?'입니다. 믿음의 조상인 아브라함과 사라처럼 약속의 조상으로 세워져 가정을 꾸리고 자녀를 낳아서 바르게 양육했는지에 대한 질문입니다. 네 번째, '이 세상이 구원되기를 열망했는가?'입니다. 자신만을 위해 살았는지, 아니면 이웃을 위해 무엇을 행했는지, 하나님의 자녀로서 세상을 향한 책임을 감당했는지에 대한 질문입니다.

네 가지 질문을 스스로에게 묻는다면 어떤 대답을 할 수 있을까요? 이 땅에서도 우리는 신앙인으로서 그 질문에 대한 답을 준비하며 살아야 합니다.

빌라도와 만난 예수님

그런데 본문에 나오는 상황은 지금까지 이야기한 것과 다릅니다. 하나님이 질문하시는 것이 아니라 인간이 하나님께 질문하고 있습니다. 지상의 권력자인 빌라도가 하늘의 왕이신 예수님을 향해 질문을 퍼붓고 있는 것입니다.

빌라도는 우리가 예배를 드리면서 사도신경으로 신앙고백을 할 때마다 호명되는 인물입니다. 그는 유대, 사마리아, 이두메 지역을 A.D.26-36년까지 11년 동안 통치했던 자입니다. 또한 예수님이 십자가에 달리신 그 시기에 총독의 직분을 감당했던 인물이기도 합니다.

유대인은 로마제국의 눈으로 보면 아주 골치 아프고 다루기 힘든 백성이었습니다. 메시아 운동을 통해 끊임없이 로마제국에 저항했고 반란을 시도했기 때문입니다. 총독 빌라도는 그런 이스라엘 백성에게 때로는 유화적인 정책을, 또 한편으로는 아주 잔인한 통치를 행했습니다. 바로 그러한 인물 앞에 예수님이 서신 것입니다. 놀랍게도 예수님은 빌라도가 질문할 때마다 하나하나 대답해 주셨습니다. 그런데 어느 순간부터 아무런 대답을 하지 않고 침묵을 지키십니다. 본문을 통해 그 이유를 살펴보겠습니다.

유대 종교 지도자들이 예수님을 빌라도의 법정 앞에 끌고 간 때는 이른 새벽이었습니다. '도대체 누가 새벽부터 잠자는 사람을 깨워서 고발한단 말인가?' 사실 빌라도는 귀찮았습니다. 유대인들은 종종 그들의 종교 문제를 정치적인 문제로 비화시켰기 때문입니다.

당시 유대인들의 사회는 종교와 정치가 하나로 묶여 있었기에 로마 총독으로서 그는 그 문제에 깊이 관여하기가 싫었습니다. 본문에는 예수님을 끌고 온 유대 사람들에 대한 빌라도의 불편한 마음이 나타납니다. 도대체 왜 유대인들은 예수님을 빌라도 총독에게 데리고 간 것일까요?

> 빌라도가 이르되 너희가 그를 데려다가 너희 법대로 재판하라 유대인들이 이르되 우리에게는 사람을 죽이는 권한이 없나이다 하니 (요 18:31).

악은 끊임없이 동조자를 구합니다. 혼자 악을 행하기를 싫어하기 때문입니다. 본문의 상황에서도 종교와 권력이 야합하여 예수님을 죽이는 일에 동조하고 있습니다. 그런데 그보다 더 중요하게 보아야 할 것은 빌라도의 말에 대한 유대인들의 대답입니다.

그들은 이미 예수님을 죽이기로 작정하고 "그 사람은 더 이상 우리와 살아서는 안 된다"라며 예수님께 사형 선고를 내렸습니다. 그러나 그들에게는 사형에 대한 법적 권한이 없었습니다. 그래서 빌라도를 찾아가 로마법으로 그것을 시행하라고 요구했습니다. 유대인들은 예수님을 종교적으로는 하나님을 모독한 자이자 정치적으로는 반란을 주도한 국가적 음모 사건의 주인공으로 확대하여 빌라도에게 데려간 것입니다.

빌라도에게 질문을 받으신 예수님

빌라도는 생각했습니다. '예수, 이름은 들어봤는데 누구인가? 대제사장인가? 예언자인가? 유대인의 왕인가? 하나님의 아들인가? 도대체 누구이기에 이 새벽부터 유대인들이 이렇게 흥분하여 그를 고발하는 것인가?' 그런 상황에서 빌라도는 호기심과 관심을 가지고 예수님을 심문합니다.

첫 번째로 "네가 유대인의 왕이냐?"라는 정치적인 질문을 합니다. 민란과 소요를 일으킨다면 총독으로서 골치 아픈 일이기에 예수님이 정치적인 리더인지 묻는 것입니다. 그러자 예수님은 그의 질문에 대해 "이는 네가 스스로 하는 말이냐 다른 사람들이 나에 대하여 네게 한 말이냐"(요 18:34)라고 되물으십니다. "소문을 듣고 하는 말이냐, 아니면 네 마음속으로 내가 유대인의 왕처럼 보여서 하는 말이냐?"라며 네 입으로, 네 진심으로 하는 말이 아니면 의미가 없다고 하시는 것입니다.

이어서 두 번째로 빌라도는 예수님께 무엇을 했는지 묻습니다. 체포된 몰골이 유대인의 왕으로서 품위는 없는 듯한데 도대체 왜 여기까지 왔으며 진짜 정체가 무엇인지 밝히라는 것입니다. 그 물음에 예수님은 이렇게 대답하십니다.

> 예수께서 대답하시되 내 나라는 이 세상에 속한 것이 아니니라 만일 내 나라가 이 세상에 속한 것이었더라면 내 종들이 싸워 나로 유대인들에게 넘겨지지 않게 하였으리라 이제 내 나라는 여기에 속한 것이 아니니라(요 18:36).

빌라도는 "내 나라는 별도로 있다"라는 예수님의 말에 깜짝 놀라 "네 대답이 네가 스스로 왕이라 하는구나?"라고 말합니다. 그리고 바로 그때 예수님은 결정적인 말씀을 하십니다.

> 예수께서 대답하시되 네 말과 같이 내가 왕이니라 내가 이를 위하여 태어났으며 이를 위하여 세상에 왔나니 곧 진리에 대하여 증언하려 함이로라 무릇 진리에 속한 자는 내 음성을 듣느니라 하신대 (요 18:37).

"그렇다. 네 말대로 내가 왕이다. 내가 그것을 위해 태어났다. 그리고 나는 하나님의 진리를 증언한다. 진리에 속한 자만이 내 말에 귀를 기울일 수 있다." 예수님은 빌라도에게 그분 자신이 왕임을 확인시켜 주십니다. 그 말을 들은 빌라도는 이제 호기심과 관심이 아닌 의심의 눈으로 예수님을 바라봅니다. '기껏해야 진리? 힘과 능력과 권세를 가진 왕인 줄 알았는데 진리에 대해 이야기한다고? 네 모습이 어디 진리에 대해 말하는 왕이냐?'라는 마음을 품었습니다. 그러한 비아냥거리는 마음은 세 번째 질문, "진리가 무엇이냐"(요 18:38)로 이어집니다.

그는 진리를 앞에 놓고 진리가 무엇이냐고 묻습니다. 그것은 호기심이나 구도자의 물음이 아니었습니다. 그저 냉소주의자인 빌라도의 코웃음 치는 질문으로 "진리가 밥 먹여 주냐?"라고 묻는 것이나 마찬가지였습니다. 진리를 위해 태어난 사람이 체포되어 초라하게 있는 것에 대한 반문이자 진리 타령은 그만하라는 뜻이 담긴 말이었습니다.

그때부터 예수님은 빌라도의 물음에 대답하지 않고 침묵하셨습니다. 더는 말할 필요가 없다고 느끼신 것 같습니다.

▎질문의 의도와 자세

신학교에서 학생들을 가르칠 때 늘 하는 말이 있었습니다. "질문을 해라. 질문하는 것이 곧 공부다. 질문을 해야 생각이 움직이기 시작한다. 질문을 해야 대답이 나온다. 질문하지 않는 것은 학생의 기본 태도가 아니다." 바로 질문에 대한 강조였습니다.

그런데 물어보는 것이 다 질문은 아닙니다. 질문에는 두 가지 종류가 있습니다. 첫째, 아예 의심하고 비난할 마음으로 하는 질문으로, 이미 자기 안에 어떤 대답을 가지고 묻는 것입니다. '내 대답과 맞으면 저 사람은 괜찮은 사람, 내 대답과 다르면 저 사람은 엉터리'라는 생각으로 공격할 준비를 한 질문에는 굳이 대답할 필요가 없을지 모릅니다. 어쩌면 대답을 할수록 싸움과 분쟁이 커질 수 있기 때문입니다.

예수님도 그런 질문을 받으셨습니다. 대제사장과 바리새인, 서기관들은 이미 그들 자신의 답을 가지고 예수님께 질문했습니다. 예수님이 자신들과 다른 답을 이야기하면 어떻게 해서든 잡아들이려고 올무를 놓은 것입니다. 예수님은 그런 질문을 달가워하지 않으셨습니다. 간접화법으로 대답하거나 아예 침묵으로 대응하셨습니다. 그런데 문제는 우리에게도 그런 질문에 대한 충동이 수없이 생긴다는 것입니다.

둘째, 호기심을 가지고 배우려는 마음으로 하는 질문으로, 더 깊고 넓게 알고자 하며 문제를 해결할 가능성이 있는지 기대하는 마음에서 우러나오는 것입니다. 그것은 질문하는 내용보다 질문하는 태도와 자세가 더 소중한 좋은 질문입니다.

예수님은 그런 질문에 즐겁게 대답하셨습니다. "함께 고민하자, 그 길에 나도 참여하고 있다"라고 말씀하셨습니다. 그런 예수님의 모습을 보면 '참된 신앙은 질문하는 것'이라는 생각을 하게 됩니다. 즉 신앙이란 하나님에 대해 질문하는 것임을 깨달은 것입니다. 더불어 참된 질문이 사라지면 신앙이 죽어버린 종교가 된다는 것을 알았습니다.

신앙을 살아 있게 하는 질문

어떻게 하면 신앙이 역동적으로 변할까요? 그 답은 질문입니다. 나는 하나님께 질문하고 하나님은 내게 대답하시고, 또한 하나님이 내게 질문하시고 나는 하나님께 대답하는 것입니다. 그것은 하나님과 우리의 신앙적인 대화입니다. 그런 대화가 있을 때 신앙은 생명의 신앙, 살리는 신앙, 마음을 기쁘게 하는 신앙, 역동적인 신앙으로 성숙할 수 있습니다. 신앙이 고착화되는 이유는 질문이 멈췄기 때문입니다. 신앙 안에 진정한 질문은 사라지고 형식적이고 습관적인 질문으로 채워질 때 신앙은 딱딱한 종교나 종교 이데올로기로 변질됩니다.

예수님을 고발한 종교 지도자들은 더 이상 진리가 무엇인지 깊이 묻지 않고 자기 비판적인 질문도 하지 않았습니다. 그들은 법조항에 대해서는 관심을 가지고 질문했지만 하나님에 대해서는 질문하지 않았습니다. 바로 그것이 그들의 문제입니다.

신앙은 하나님과 예수님을 질문하는 것입니다. "하나님은 살아 계십니까? 나의 아버지이십니까? 영원한 창조주이십니까? 예수 그리스도, 그분이 하나님의 아들이십니까? 예수님이 십자가에 못 박히신 것이 하나님의 은혜를 드러내는 사건입니까? 십자가 위에서 나를 용서하신 사랑을 보여 주신 분이 예수님입니까?"

그런 질문을 통해 신앙이 움직이며 살아나기 시작합니다. 그리고 내게 주신 하나님의 놀라운 사랑과 은혜를 기뻐하고 감사할 때 우리의 인생이 신앙과 함께 갈 수 있습니다. 그렇지 않으면 교회에 있을 때는 신앙이 있는 것 같아도 세상에서는 신앙과 상관없는 사람이 되기 쉽습니다.

세상에 나아가서도 고민하며 질문해야 합니다. "하나님, 하나님이라면 어떻게 하시겠습니까? 내가 어떻게 해야 하나님이 기뻐하시겠습니까? 내가 어떻게 해야 하나님의 사람으로서 올바른 길을 갈 수 있습니까?" 그렇게 매순간 하나님께 질문해야 합니다. 신앙이란 그렇게 하나님과 함께 질문과 대답을 주고받으며 나아가는 것입니다. 그렇지 않으면 우리의 신앙은 딱딱한 고체처럼 움직이지 않고 멈춰 서게 됩니다.

권력자 빌라도는 예수님께 계속 질문하다가 어느 순간 질문이 막혀 버렸습니다. 유대인들이 빌라도를 협박했기 때문입니다.

이 사람을 놓으면 가이사의 충신이 아니니이다 무릇 자기를 왕이라 하는 자는 가이사를 반역하는 것이니이다(요 19:12).

"당신은 총독이지 않습니까? 그런데 유대인의 왕이라고 하는 사람을 그대로 놓아 주면 당신은 가이사의 충신이 아니며 가이사를 반역하는 것입니다. 그래도 그 사람을 놓아 주겠습니까?" 유대인들은 빌라도를 몰아붙였습니다. 결국 빌라도는 모든 것을 포기했습니다. 더는 묻거나 알려고 하지 않은 것입니다.

끝까지 물어야 하는 이유

예수님은 우리가 질문하기를 원하십니다. 여러분은 예수 그리스도를 믿으면서 지금까지 어떤 질문을 했습니까? 앞으로는 살아 계신 예수님께 질문하기를 바랍니다. 문제나 교리에 대해 질문하는 것은 두 번째입니다. 가장 먼저 우리는 살아 계신 예수님과 하나님께 질문해야 됩니다. 나에게 예수 그리스도를 믿는 감격을 허락해 달라고, 예수님이 나의 주인임을 알게 해 달라고 구하며 주님이 정말 그런 분이신지를 물어야 합니다.

세상의 다른 질문들은 하다가 멈춰도 괜찮습니다. 그러나 예수님과 하나님에 대한 인격적인 질문은 마지막까지 밀고 나가야 됩니다. 하나님이 말씀으로 가르치실 때까지, 내 안에 예수님의 형상이 생길 때까지, 살아 계신 하나님의 사랑을 십자가에 달리신 예수님 안에서 경험하고 깨달을 때까지 지속해야 합니다.

우리는 포스트모던 사회 속에서 살고 있습니다. 이 사회는 절대적인 진리를 상대화시킵니다. 양자택일을 싫어하고 유일성보다는 다양성을 좋아합니다. 내게 약간의 평안과 작은 행복을 가져다줄 수 있다면 그것이 무엇이든 상관없다고 여기는 시대입니다.

하지만 진리는 그렇지 않습니다. 그래서 "내가 길이다, 진리다, 생명이다, 부활이다"라고 하시는 그분의 말씀을 가슴으로 들을 때까지 우리는 그분과 대화하기를 멈추면 안 됩니다. 우리는 하나님이 주신 놀라운 진리의 말씀을 끝까지 우리의 것으로 받아들여야 합니다. 그때 우리의 신앙이 살아 움직이고 다른 사람들에게 예수님을 증거할 수 있게 됩니다. 나아가 나의 실존이 나뿐만 아니라 우리의 이웃과 공동체를 위해 쓰임받게 될 것입니다. 이제 참된 질문을 통해 살아 계신 예수님을 만나며 그분 안에서 기뻐하고, 우리의 인생이 축복받은 인생임을 선포하며 살아가기를 바랍니다.

04

그분이
다시 이 땅에
오실 때

16장 부활의 모습으로 오시다
17장 새로운 시간으로 오시다
18장 삶의 현장으로 오시다
19장 우리의 새 생명으로 오시다

16장
부활의 모습으로 오시다

안식일이 지나매 막달라 마리아와 야고보의 어머니 마리아와 또 살로메가 가서 예수께 바르기 위하여 향품을 사 두었다가 안식 후 첫날 매우 일찍이 해 돋을 때에 그 무덤으로 가며 서로 말하되 누가 우리를 위하여 무덤 문에서 돌을 굴려 주리요 하더니 눈을 들어본즉 벌써 돌이 굴려져 있는데 그 돌이 심히 크더라 무덤에 들어가서 흰 옷을 입은 한 청년이 우편에 앉은 것을 보고 놀라매 청년이 이르되 놀라지 말라 너희가 십자가에 못 박히신 나사렛 예수를 찾는구나 그가 살아나셨고 여기 계시지 아니하니라 보라 그를 두었던 곳이니라 가서 그의 제자들과 베드로에게 이르기를 예수께서 너희보다 먼저 갈릴리로 가시나니 전에 너희에게 말씀하신 대로 너희가 거기서 뵈오리라 하라 하는지라 여자들이 몹시 놀라 떨며 나와 무덤에서 도망하고 무서워하여 아무에게 아무 말도 하지 못하더라

마가복음 16장 1-8절

한계를 고백할 때 열리는 길

이어령 씨는 책에서 "메멘토 모리"(memento mori, 죽음을 생각하라)를 언급했는데, 그 속에서 한국인이 얼마나 죽음을 종교적으로 연결하고 있는지 이야기합니다.

> 한국 사람들은 유난히 죽는다는 말을 많이 쓰지 않습니까? 말끝마다 좋아 죽겠다고 하고 슬퍼 죽겠다고 하고 우스워 죽겠다고 합니다. 배가 고프면 배고파 죽겠다고 하고 배가 부르면 배불러 죽겠다고 하는 사람들, 처음에는 그런 모습이 싫고 부끄러웠지요. 하지만 죽음이 삶의 극한 언어라는 것을 알고 그것이 바로 하나님을 잊지 않고 살아가는 '메멘토 모리, 기억하라 죽음을'이라는 사실을 깨닫게 되었습니다.

우리나라 사람들은 늘 죽음과 함께 살아온 것 같습니다. 어쩌면 현재 삶에서 죽음을 경험하기 때문에, 또 죽음과 생명을 연결하는 사고 때문에 생명의 종교인 기독교의 복음을 그렇게 빨리 수용할 수 있었던 것이 아닐까 하는 생각이 듭니다.

하나님은 '인간은 반드시 죽는다'라는 사실을 인간에게 알게 하셨습니다. 왜냐하면 인간은 교만하여 인생의 막장에 이르지 않으면 쉽게 하나님을 찾지 않기 때문입니다. 아이들을 한번 보십시오. 길을 가다가 넘어져 무릎이 깨져야 "엄마, 엄마" 하고 부르면서 엄마 품으로 달려옵니다. 덩치가 큰 형에게 한 대 맞고 나서야 아빠를 부르며 집으로 달려옵니다. 그것이 바로 우리의 모습입니다.

마찬가지로 하나님을 찾는 사람들의 공통적인 속성이 있다면 그것은 그들이 상처 입은 영혼의 소유자라는 점입니다. 기가 막힐 웅덩이에 빠져 숨쉬기 어려웠던 절박함을 경험한 사람들이라는 것입니다. 사실 그런 경험이 없어도 자신이 한계를 가진 실존임을 고백한다면 생명의 하나님, 무한의 세계 속에 열려 있는 하나님을 기다리고 그분께 삶을 맡기는 신앙을 가지게 됩니다.

예수님의 죽음을 지켜본 여인들

본문은 십자가에 달려 돌아가신 예수님이 무덤에 묻히실 때 함께 있던 여인들의 이야기입니다. 성경에는 그 이름이 기록되어 있습니다. 먼저 일곱 귀신에 들렸던 여인 막달라 마리아, 힘든 상황에서 예수님께 치유를 받았던 그녀가 그곳에 있었습니다. 다음은 야고보의 어머니 마리아, 예수님이 높은 자리에 올라가면 아들들도 함께 떵떵거리며 살기를 바랐던 그녀도 거기에 있었습니다. 그리고 살로메라는 여인도 있었습니다. 그들은 예수님에 대한 사랑과 현실에 대한 절망이 끊임없이 교차하는 밤을 보냈습니다.

그 여인들은 사랑하는 예수님의 죽음을 현장에서 목격했습니다. 가장 참혹한 십자가 위에서 "엘리 엘리 라마 사박다니"(나의 하나님, 나의 하나님 어찌하여 나를 버리십니까?)라고 부르짖으며 고통 속에서 죽어가는 예수님의 모습을 그저 바라볼 수밖에 없었습니다. 그들은 예수님을 위해 아무런 도움도 줄 수 없는 자신의 무력함을 탄식하며 지켜보았습니다. 모든 것이 끝나고 절망뿐이었습니다. 남아 있는 자는 아무것도 할 수 없었습니다.

'죽음'이란 다시 돌아올 수 없는 다리와 같습니다. 철회와 번복이 불가능한 마지막 지점입니다. 죽음 앞에서 "안 돼, 죽으면 안 돼!"라고 아무리 소리쳐 봐도 더는 변화가 없습니다. 죽음은 우리를 아프게 쏘아대는 막강한 힘입니다.

아마 사람들은 카메라를 한 대쯤 가지고 있을 것입니다. 요즘은 동영상까지 찍을 수 있는 카메라가 많이 있는데, 그 동영상 기능은 한 번 찍은 것을 보고 싶을 때마다 볼 수 있어 참으로 유용합니다.

하지만 죽음은 그렇지 않습니다. '재생 불가'라는 딱지가 붙어 있습니다. 따뜻했던 손을 다시 마주잡을 수 없고 보고 싶어도 다시 볼 수 없습니다. 이 세상에서 큰소리치며 살던 대통령도, 혹은 아무것도 가지지 못했던 평민도 죽으면 똑같이 땅속에 묻힙니다. 누구도 예외가 없습니다. 그럴듯하게 미라를 만들기도 하지만 그것도 그저 허상에 불과합니다.

다시 말해 예수님의 죽음은 그분이 말씀하시던 하나님 나라의 비전이 끝났다는 표지로, 그토록 기대하던 메시아 왕국이 물거품처럼 사라졌다는 증거였습니다. 그래서 사람들의 마음에는 절망과 슬픔이 가득 차올랐습니다.

그럼에도 여인들에게는 따뜻한 사랑이 남아 있었습니다. 그들은 예수님이 보고 싶었습니다. 차갑게 식었어도, 상처 나고 찢긴 사람들을 보듬던 그 손을 다시 만져 보고 싶었습니다. 비록 시신이라도, 힘들고 외로운 자들을 위로하며 힘을 주셨던 예수님을 보고 싶었습니다. 십자가 위에서 처참하게 돌아가셨는데 마지막이라도 잘해 드리고 싶은 따뜻한 사랑이 있었던 것입니다. 그래서 여인들은 예수님의 시체에 향유를 바르고 고별인사를 하기 원했습니다.

사모와 염려로 가득한 여인들의 마음

예수님이 무덤에 들어가시자 안식일이 시작되었습니다. 안식일은 그 다음 날 저녁까지였습니다. 여인들은 안식일 동안에는 움직일 수 없기 때문에 그날이 빨리 지나가기를 바라며 기다렸습니다. 당시 안식일법으로는 일정 거리 이상 돌아다닐 수 없었던 까닭입니다. 또 안식일에는 시신을 만질 수도 없었습니다. 그래서 여인들은 안식일이 지나가는 새벽만 기다리고 있었습니다. 그들에게는 매우 길고 긴 하루였을 것입니다. 본문 2절 말씀은 그 사실을 이렇게 표현합니다.

안식 후 첫날 매우 일찍이 해 돋을 때에 그 무덤으로 가며(막 16:2).

"매우 일찍이"라는 표현에서 알 수 있듯이 여인들은 예수님을 보고 싶은 마음에 안식일이 끝나자마자 무덤가로 갔습니다. 오직 사랑 때문에 몸을 움직인 것입니다. 그런데 한참 가다 보니 걱정이 생겼습니다. 예수님의 무덤 입구를 닫아 놓은 큰 돌이 떠오른 것입니다. 그러자 마음에 근심과 낙심이 교차했습니다.

서로 말하되 누가 우리를 위하여 무덤 문에서 돌을 굴려 주리요 하더니(막 16:3).

그제야 서로 "누가 우리를 위해 돌을 굴려 주지?"라고 질문하는 것입니다. 그들은 급히 가느라 남자 제자들에게도 알리지 않은 상태였습니다. 예수님을 향한 순수한 사랑으로 가기는 했지만 돌을 옮기는 것은 연약한 여자들이 할 수 없었습니다.

그런데 놀랍게도 여인들의 근심과 걱정이 해결되었습니다. 눈을 들어 보니 벌써 돌이 굴려져 있던 것입니다. 여인들은 땅만 보며 '어떻게 해야 하지?' 하고 근심했는데, 하나님이 그들의 눈을 들게 하셔서 이미 돌이 굴려져 있는 것을 보게 하신 것입니다. 그것은 마치 여인들을 향한 하나님의 말씀과 같았습니다. "땅만 보지 말고 눈을 들어 하늘을 봐라. 이제 탄식을 멈추고 기대하면서 살라. 의심과 불신앙으로 살지 말고 신뢰와 믿음으로 인생을 바꿔 봐라." 마찬가지로 부활의 길은 우리에게도 그런 소망과 기대를 허락합니다.

생명에 대한 경이

걱정하던 돌이 이미 굴려져 있는 것은 하나님이 하신 일, 하나님의 힘과 능력입니다. 예수님을 사랑한 사람들에게는 인식의 변화가 생깁니다. 이미 놀라운 사건이 일어났다는 사실을 알게 된 것입니다.

그것은 사랑하는 마음이 있어야 가능합니다. 사랑하면 눈에 안 보이던 것이 보이기 시작합니다. 자녀가 사랑스러우면 그들이 어디에 있든지 잘 보입니다. 수백 명의 아이가 모여 있어도 사랑하는 아이가 한눈에 보입니다. 사랑하는 마음이 있으면 하늘과 땅의 아름다운 것이 보이기 시작합니다. 결국 우리가 하나님의 음성을 듣지 못하고 보지 못하는 것은 우리의 마음에 사랑이 결여되었기 때문일 때가 많습니다.

조선 정조 시대의 문장가였던 유한준은 이렇게 말했습니다. "사랑하면 알게 되고 알게 되면 보이나니 그때 보이는 것은 전과 같지 아니하리라." 사랑하면 보이고 듣고 깨닫고 알게 된다는 것입니다. 사실 세상의 많은 것이 그렇습니다. 사랑하지 않으면 그저 스쳐지나는 것이 사랑하면 보이기 시작합니다.

예수님을 사랑한 여인들도 마찬가지였습니다. 그 장면은 그들에게 아주 충격적이지만 앞으로 받게 될 큰 충격의 전조에 불과했습니다. 그들은 무덤 문이 열린 것을 보고 안으로 들어갔습니다. 그리고 그곳에 있는 천사와 같은 청년을 보고 깜짝 놀랐습니다. 그런데 더욱 놀라운 것은 그 천사가 하는 말이었습니다.

> 청년이 이르되 놀라지 말라 너희가 십자가에 못 박히신 나사렛 예수를 찾는구나 그가 살아나셨고 여기 계시지 아니하니라 보라 그를 두었던 곳이니라 (막 16:6).

"나사렛 예수가 다시 살아나셨다!" 즉 십자가에서 죽음을 맞이한 예수님이 부활하셨다는 것입니다. 많은 사람이 죽어서 무덤에 묻힌 자를 만날까 봐 무덤에 가까이 가는 것을 두려워합니다. 하지만 죽은 것은 두려워할 필요가 없습니다. 정말 두려운 것은 살아 있는 것입니다. 그런데 우리는 인생을 거꾸로 살 때가 참 많습니다. 살아 있는 것의 경이로움을 깨닫지 못하고 죽은 것에 연연할 때가 많습니다.

많은 사람들이 추운 겨울이 지나고 오는 봄을 좋아합니다. 그런데 가만히 보면 봄을 좋아하는 사람은 주로 연세가 많습니다. 청년은 자신이 봄이고 생명이고 청춘이니까 겨울이 지나고 봄이 되는 것을 그렇게 아름답다고 느끼지 못합니다. 그들은 겨울도 좋고 봄도 좋습니다. 그러나 나이가 들면 마치 죽은 것 같았던 잿빛이 변하여 푸른 싹이 나는 것을 보며 가슴이 떨립니다. '죽은 것 같았던 것에도 생명이 숨어 있었구나.' 그것이 얼마나 아름답고 설레는 일인지, 새삼 생명의 경이로움을 발견하는 것입니다.

누군가 부활 신앙과 생명 신앙이 무엇인지 묻는다면, 저는 생명에 대한 경이로움을 간직하는 것이라고 답하고 싶습니다. 경이로움으로 인생을 바라보고 하나님과 예수님과 성령님을 대하는 것, 살아 있음에 경이로움을 느끼며 이 세상 만물이 생명으로 충만함을 기뻐하는 것이 생명 신앙, 부활 신앙입니다.

만약 내 안에 경이로움이 사라졌다면 주의해야 합니다. 그것은 신앙이 죽어가고 있는 것으로 서서히 무너지고 있다는 의미이기 때문입니다. 또한 생명의 하나님, 부활하신 그분을 경험하지 못하고 있다는 증거이기도 합니다.

▍부활을 통해 생긴 이야기

여인들은 예수님이 살아나신 소식을 듣고 놀랐습니다. 성경에 그들의 반응이 이렇게 기록되어 있습니다.

> 여자들이 몹시 놀라 떨며 나와 무덤에서 도망하고 무서워하여 아무에게 아무 말도 하지 못하더라 (막 16:8).

여기서 '아무 말도 하지 못했다'라는 것은 할 말이 없었다는 뜻이 아니라 어떤 말로도 표현할 수 없다는 의미입니다. 하나님이 주신 계시의 말씀, 생명의 말씀은 인간의 언어에 침묵을 선언합니다. 그동안 조잘대던 말이 아무것도 아니라는 뜻입니다. 오직 살아 계신 하나님의 언어, 생명의 언어, 죽은 자 가운데서 부활하신 예수님의 계시의 언어 앞에서 그동안 내가 자랑하던 모든 말이 무(無)가 되어 밑바닥으로 내려간다는 의미입니다.

그것은 역설적인 의미를 지니고 있습니다. 즉 이제 정말 해야 할 말이 가슴에 생겼다는 뜻입니다. 내 안에 부활의 주님 때문에 모든 죽음의 자리에서 권세를 깨뜨리는 하나님의 능력이 나타나고, 예수 그리스도를 만난 기쁨의 말씀이 생겼다는 사실입니다. 이 세상의 어떤 말도 그 기쁜 소식 앞에서는 침묵을 지킬 수밖에 없습니다.

그 놀람은 기쁨의 충격이기도 했습니다. 그래서 같은 이야기를 기록한 마태복음 28장 8절에는 "그 여자들이 무서움과 큰 기쁨으로"라는 표현이 덧붙여 있습니다. 두렵기만 한 것이 아니라 큰 기쁨도 있었던 것입니다. 두렵고 떨리면서도 기쁘고 감사한 것, 하나님을 경외하는 거룩의 경험은 그 두 가지 감정의 상존입니다. 하나님이 얼마나 위대하신 분인지 알기에, 그분이 나 같은 존재 앞에 살아 계신 분으로 다가오셨다는 사실이 기쁘고 감사하면서도 두렵기 때문입니다.

복음서에는 예수님의 삶 중에서도 죽음에 대한 이야기가 많이 기록되어 있습니다. 예수님이 고난당하시고 처참하게 십자가 위에서 돌아가셨다는 이야기가 매우 중요하게 다루어집니다. 특히 마가복음은 예수님의 고난 이야기를 전체 중 3분의 1을 할애하며 자세하게 설명하고 있습니다.

왜 그렇게 예수님의 고난과 죽음에 대해 이야기하는 것일까요? 그것은 생명이 얼마나 소중한지를 가르쳐 주고 부활이 얼마나 큰 축복인지 알려 주기 위함입니다. 그래서 죽음을 더 자세하게 언급하고 있는 것입니다.

오늘을 감사하는 부활의 기쁨

부활 신앙은 '나는 먼 미래에 영원한 생명으로 부활할 테니 오늘은 대충 살자'라는 식으로 사는 것이 아닙니다. 한때는 기독교 안에 그런 부활 신앙이 있었습니다. '현재는 힘들고 어려워. 그냥 여기서 이대로 살자' 하며 자신을 묶어두는 것입니다.

그런 모습을 보면서 카를 마르크스(Karl Marx)는 "기독교는 아편과 같은 종교다. 현재가 힘들고 어려우면 생명을 향해 나아가지 않고 그 속에 주저앉아 머무르는 종교다. 부활 신앙과 미래의 영생을 가르치는 것으로 인간을 마취시키는 종교다"라며 공산주의 혁명을 일으키기도 했습니다.

하지만 그것은 결코 기독교 신앙의 본모습이 아닙니다. 기독교 신앙은 하나님의 아들 예수 그리스도가 죽은 자 가운데서 부활하셨으니 너희도 이 땅에서 부활의 기쁨을 가지고 생명을 누리면서 살라는 것입니다. 즉 지금 우리에게 이렇게 살아 있는 것에 감사하며 가족의 따뜻한 손을 붙잡고 친구를 만나고 아름다운 세계의 생명을 누리며 즐거워하라고 초청하는 것입니다.

하나님은 우리에게 그 축복을 주시기 위해 예수 그리스도를 고난 속에 두셨습니다. 그분의 아들을 고난에 처하게 하면서 우리에게 고난을 뛰어넘는 용기로 이 세상을 살라고 하신 것입니다. 그리고 "내 아들을 음부의 세계 속에 갇히게 할 테니 너는 천국의 기쁨을 미리 당겨서 지금 이 순간 천국처럼 기뻐하고 감사하며 살라"고 말씀하십니다.

어떤 사람이 기독교를 가장 잘 변증하는 도구는 예수를 믿는 그리스도인이라고 말했습니다. 세상 사람들은 예수 믿는 사람들이 하나님 앞에서 기뻐하고 감사하며 용기 있게 사는 모습을 보고 도대체 무엇 때문에 그렇게 기뻐하고 감사하는 것인지 궁금해하며 그들을 따라온다는 것입니다. 하지만 그는 기독교의 가장 큰 적도 예수를 믿는 그리스도인이라고 덧붙였습니다. 사람들이 예수를 믿으면서도 남을 탓하고 불평하고 원망하며 생명과는 전혀 상관없이 우울하게 살아가는 그리스도인을 보면서 예수를 멀리한다는 것입니다.

우리 한 사람 한 사람이 날마다 살아 있는 것의 경이로움을 느끼며 예수님의 생명의 기운을 품고 살아야 합니다. 지금 우리 안에 부활하신 예수님이 계십니다. 그러므로 먼 미래만 바라보고 '그때 가서 되겠지' 하고 생각할 것이 아니라 그 희망과 기대를 끌어당겨서 살기를 바랍니다. 하나님은 지금도 기쁨과 감사의 마음으로 생명을 품고 세상을 향해 나가자고 우리를 초청하십니다.

참회의 기도

사랑의 하나님,
지금 우리는 총체적인 위기에 처해 있습니다.
마치 죽음의 자리에 있는 것처럼 주저앉아 있습니다.
이 땅은 전쟁의 위협이 그치지 않고
사회 곳곳에서는 미움과 분노의 소리가 터져 나오며
행복의 보루라 할 수 있는 가정마저 붕괴되고 있습니다.

하지만 예수님의 부활은
지금 우리가 처한 현실이 결코 마지막이 아님을 보여 줍니다.
이 답답한 현실을 뛰어넘을 수 있다는 희망도 보여 줍니다.
부활하신 예수님만이 우리의 참된 소망이며 생명이십니다.
이제 주님과 함께 새롭게 시작하게 하소서.
그렇게 우리가 먼저 생명의 삶을 살게 하소서.

17장
새로운 시간으로 오시다

보라 내가 속히 오리니 내가 줄 상이 내게 있어 각 사람에게 그가 행한 대로 갚아 주리라 나는 알파와 오메가요 처음과 마지막이요 시작과 마침이라

요한계시록 22장 12-13절

하나님 앞에서의 인생

세상의 모든 것은 수고하고 땀을 흘려야 얻을 수 있습니다. 그래서 모두 열심히 삽니다. 그런데 '이 세상에서 노력 없이 얻는 것은 나이밖에 없다'라는 옛말처럼 나이는 예외입니다. 세월은 가만히 두어도 흘러가기에 한 해가 지나면 누구나 한 살을 더 먹게 됩니다. 하지만 그것도 살아 있을 때의 이야기입니다. 인생이 끝나면 나이를 먹는 것도 사라지고 맙니다.

로빈 샤르마(Robin Sharma)는 《내가 죽을 때 누가 울어줄까》(산성미디어, 2000)라는 책의 첫 장에서 "가슴 뛰는 삶을 살라"고 조언합니다. 그러면서 그의 아버지가 했던 말을 인용합니다. "얘야, 네가 태어났을 때 너는 울음을 터트렸지만 사람들은 기뻐했단다. 네가 죽을 때는 달라야 한다. 사람들은 울음을 터트리지만 너는 기뻐할 수 있도록 살아야 한다."

우리가 하나님 앞에 서면 하나님이 이렇게 물어보실지 모릅니다. "너를 스스로 판단해 봐라. 내가 만약 네게 인생을 다시 한 번 허락해도 지금까지 살아온 방식대로 계속 살겠니?" 살아 있다는 것은 언젠가 죽는다는 사실을 아는 것을 뜻합니다. 죽게 되면 사는 것도, 죽는 것도 모릅니다. 그래서 사람들은 누구나 죽음을 두려워합니다. 모든 것이 끝나기 때문입니다.

시간과 공간의 주인이신 예수님

죽음을 맞는 두려움에는 크게 네 가지가 있습니다. 첫 번째, 사명과 일에 대한 두려움입니다. 우리는 왜 그렇게 일에 매달리고 심지어 일중독까지 빠집니까? 누군가 나에게 "너 왜 사니?" 하고 물을 때 무의미한 삶이 아님을 증명하기 위함입니다. 무언가 맡겨진 일이 있다고 말하고 싶기 때문입니다.

두 번째, 인간관계에 대한 두려움입니다. 우리는 모두 혼자가 되는 것에 대한 두려움이 있습니다. 사랑하고 연애하고 싶어 하는 것도 "나에게는 사랑하는 사람이 있어"라고 과시하고 싶기 때문입니다.

세 번째, 시간과 장소에 대한 두려움입니다. 우리는 한 번쯤 '나는 도대체 어디서 와서 어디로 가는 것일까?' 하는 질문을 합니다. 길을 잃고 사는 것에 대한 두려움이 있기 때문입니다. 사람들이 가진 것에 집착하며 세상의 지위와 자리에 붙잡혀 사는 이유도 결국 그 두려움을 극복하기 위함입니다.

네 번째, 실제적인 육체의 죽음에 대한 두려움입니다. 살아 있던 존재가 한 줌의 흙보다 의미 없는 비존재로 바뀌는 것에 대해 두려움이 있습니다. 우리는 그 두려움 때문에 영원한 세계를 사모하는 것입니다.

예수님은 두려움이 많은 우리에게 이렇게 말씀하십니다.

> 나는 알파와 오메가요 처음과 마지막이요 시작과 마침이라(계 22:13).

그리스어의 첫 글자는 알파(α), 마지막 글자는 오메가(Ω)입니다. 많은 교회가 예수님을 기억하며 강단에 알파와 오메가를 새겨 놓습니다. 그러면 대체 '예수님이 알파와 오메가'라는 말은 무슨 뜻일까요? 또 '예수님이 처음과 마지막, 시작과 마침'이라는 말은 무슨 뜻일까요? 그것은 예수님이 시간의 주인으로 모든 것의 처음과 끝이며, 공간적으로 온 우주와 만물의 주인이라는 뜻입니다. 즉 예수님이 '모든 것의 모든 것'이라는 의미입니다.

바로 그 예수님이 우리의 삶을 지켜보며 상을 줄 자에게는 상을, 징계를 할 자에게 벌을 주신다고 말씀하십니다. '심판자와 구원자'로서 우리를 지켜보신다는 뜻입니다.

> 보라 내가 속히 오리니 내가 줄 상이 내게 있어 각 사람에게 그가 행한 대로 갚아 주리라(계 22:12).

하나님은 우리에게 경고하십니다. "너는 시간을 잘 사용했느냐? 내가 너에게 생명을 주며 이 땅에서 하루 24시간을 살게 해주었는데 너는 어떻게 살았느냐?" 우리는 그 질문에 어떤 대답을 하겠습니까?

그리스도인의 시간

하나님이 가장 싫어하시는 것은 그분이 주신 시간을 낭비하고 의미 없이 소진하는 것입니다. 헌법상 횡령죄라는 것이 있습니다. 그것은 타인의 재물을 보관하는 사람이 주인과 상관없이 그 재물을 마음대로 소비하거나 탕진하는 죄를 말합니다.

여기서 재물을 시간으로 바꿔서 생각해 보십시오. 하나님은 우리에게 시간을 주셨습니다. 그런데 우리가 하나님이 주신 시간을 시간의 주인이신 하나님의 뜻대로 사용하지 않고 내 마음대로 사용하고 낭비한다면, 우리는 하나님의 것에 대한 횡령죄를 범하는 것과 같습니다. 하나님의 영광을 위해 의미 있게 살라고, 이웃과 더불어 사랑하며 살라고 말씀하셨는데, 우리가 그 뜻대로 시간을 사용하지 않는 것은 하나님 앞에 옳지 못한 것입니다.

예수님의 비유 중에 달란트에 대한 내용이 있습니다. 그 이야기에는 한 달란트를 받은 자가 나옵니다. 한 달란트는 20년 동안의 월급을 다 모아 놓은 정도로 매우 큰 돈입니다. 그런데 그는 자신에게 많은 돈을 맡긴 주인이 무섭고 새로운 모험을 하는 것이 두려워서 한 달란트를 땅에 숨겨 놓았습니다. 본전이라도 지키고 싶었던 것입니다.

그리고 주인이 돌아왔을 때 그는 묻어둔 한 달란트를 꺼내 주인에게 주었습니다. 주인이 칭찬했을까요? "내가 준 한 달란트를 잃어버리지 않고 가져왔으니 괜찮다"라고 했을까요? 아닙니다. 주인은 엄히 꾸짖으며 그를 '악하고 게으른 종'이라 불렀습니다. 악한 것과 게으른 것은 동의어입니다. 게으른 것은 곧 죄입니다. 게으름으로 삶을 낭비했기 때문입니다.

사도 바울은 인생을 낭비하는 사람들에게 이렇게 말합니다.

> 누구든지 일하기 싫어하거든 먹지도 말게 하라 하였더니(살후 3:10).

사도 바울은 일을 하지 않으면 먹을 자격이 없다고 말합니다. 즉 수고하고 땀을 흘리며 노력하라는 것으로, 주어진 삶을 하나님이 주신 것으로 알고 성실하게 다스리기 위해서는 나의 마음과 노력을 쏟아부어야 한다는 말입니다. 그러면 인간은 일에 매달려야 할까요? 사도 바울이 우리에게 일중독에 빠지라고 말하는 것일까요? 결코 그렇지 않습니다.

호스피스 전문의인 오츠 슈이치가 쓴 《죽을 때 후회하는 스물다섯 가지》(아르테, 2015)라는 책에는 죽음 앞에서 느끼고 후회하는 것이 나열되어 있습니다. 그중 열 번째 항목은 일이 인생의 전부라고 믿었던 일중독자들이 모두 숨을 거두는 마지막 순간에 '내가 죽도록 일만 하지 않았더라면' 하고 후회했다는 내용입니다. 그들은 일에 빠져 있느라 진정한 삶의 의미를 잃어버리고 산 것입니다. 결국 가해자인 동시에 피해자입니다.

왜 그런 일이 생깁니까? 시간의 주인을 생각하지 않고 살기 때문입니다. 내게 시간을 맡긴 주인이 무슨 생각을 하고 무슨 뜻을 가지고 있는지, 그 시간을 어떻게 살라고 주셨는지를 생각하지 않고 그저 일 속에 나를 매몰시킨 것입니다.

그리스도와 살아가는 현재

그렇다면 예수를 믿는 우리는 하나님이 원하시는 삶을 어떻게 살 수 있을까요? 예수님은 말씀하십니다. "나는 알파와 오메가다. 처음과 마지막이다." 그 말은 예수님이 전체라는 것으로 예수님 안에 시간이 충만하다는 의미이자 예수님께 모든 시간이 가득 차 있다는 뜻입니다. 예수님 안에 있으면 모든 시간이 '지금'이 됩니다. 예수님께 모든 시간은 현재이기 때문입니다.

사도 바울은 그 사실을 알고 이렇게 노래합니다. "누구든지 그리스도 안에 있으면 새로운 피조물이라." 내가 그리스도 안에 있느냐, 밖에 있느냐에 따라 새로움이 결정된다는 것입니다. 세상 모든 것이 그리스도 밖에 있으면 시간이 지나면서 결국 헌 것이 되지만, 시간이 충일한 그리스도와 함께 있으면 모든 것이 새롭게 시작되는 축복의 역사가 된다는 것입니다.

예수님은 나이와 상관없이 우리 모두에게 이렇게 말씀하십니다. "얘야, 인생에서 결코 늦은 때란 없단다. 네가 깨닫는 바로 그 시간, 네가 그리스도 안에서 감사하는 바로 지금이 가장 소중한 시간이다."

거의 죽었다가 다시 살아난 사람들이 동일하게 고백하는 것이 있습니다. '산다는 것이 얼마나 좋은가? 살아 있다는 것이 얼마나 소중한가? 삶이 내 것인 줄 알았는데, 내 마음대로 써도 괜찮은 줄 알았는데 삶은 내 것이 아니다. 누군가 내게 선물로 주신 것이구나.' 그들은 공통적으로 삶이 하나님이 주신 것임을 깨닫게 되었다고 말합니다.

우리는 언제 삶의 기쁨을 느낍니까? 사랑하는 사람과 차 한 잔 마실 수 있는 것, 따뜻한 햇살이 얼굴을 비추는 것, 하늘에 떠 있는 구름과 하얀 눈으로 덮인 산을 보는 것, 옆에서 재잘대는 아이들의 소리를 듣는 것, 그 모든 것이 살아가는 기쁨입니다.

▎시간의 주인을 만나는 예배

하나님 앞에 나아가 예배드릴 수 있는 것도 하나님이 우리에게 주신 큰 기쁨입니다. 또한 예배를 드리는 것은 하나님이 우리에게 주신 최고의 복입니다. 시간의 주인이신 하나님을 만나는 소중한 자리이기 때문입니다. 세상 사람들은 예배드리는 사람들을 향해 이렇게 비아냥거립니다. "그것이야말로 엄청난 시간 낭비가 아니니? 게다가 헌금까지 드린다고? 시간도 빼앗기고 돈도 잃고, 도대체 무엇 때문에 예배드리는 거야?"

그러면 예배를 드리는 것은 무엇일까요? 일에 중독되었던 내가 나의 존재 그 자체로 하나님의 위로를 받고 나 자신이 이 세상 천하를 주고도 바꿀 수 없는, 소중한 존재임을 깨닫는 것입니다. 또한 예배를 드리는 것은 시간이 충일한 하나님과 함께 있는 것입니다. 즉 세상의 시간을 넘어 영원한 세계에 들어가는 것이며 예수 그리스도를 통해 하나님의 신비의 세계에 참여하는 것입니다. 그런 의미로 예배를 드리는 것은 시간을 거룩하게 사용하는 첫 번째 관문입니다.

마르바 던(Marva Dawn)은 "예배는 시간 낭비다. 그러나 참으로 고귀한 시간 낭비다. 예배는 우리를 우주의 왕이신 하나님의 고귀한 광채에 빠져들게 하기 때문이다"라고 정의했습니다. 그렇게 우리는 예배를 통해 시간의 주인이신 하나님께 나아갑니다. 그러므로 시간이 부족한 것 같거나 없다고 생각할 때 더욱더 기도하고 찬양하며 예배드리십시오. 시간의 주인이신 주님과 함께 내 실존 전체가 새로워지는 은총을 경험하는 것이 하나님의 사람이 시간을 바르게 사용하는 방법입니다.

두 번째, 시간을 바르게 사용하는 것은 시간을 낭비하지 않는 것입니다. 여기서 시간을 낭비하는 것은 시간의 주인이신 하나님의 뜻에 거역하고 그분의 말씀에 순종하지 않고 사는 것입니다. 사랑하라고 하셨는데 누군가를 미워하면서 산다면 그것이 바로 시간 낭비입니다. 그리고 진실하게 살라고 하셨는데 거짓과 불의 속에 나를 빠뜨리는 것, 나는 이 세상 모든 것과도 바꿀 수 없는 소중한 존재라고 말씀하셨는데 스스로 학대하는 것은 분명한 시간 낭비입니다.

그리스도 안에 있는 새로운 시간

죽고 사는 문제보다 더 중요한 것은 내가 그리스도 안에 있는지에 대한 부분입니다. 그만큼 그리스도 안에서 살아가는 것이 중요합니다. 그것이 우리의 삶과 시간의 질을 결정하기 때문입니다. 사도 바울은 그것을 잘 알고 있었기에 "내가 사는 것도 하나님의 은혜요, 내가 그리스도 안에서 죽는 것도 하나님의 은혜"라고 이야기합니다. 또 성경에는 "주 안에서 죽는 자들은 복이 있도다"(계 14:13)라고 기록되어 있습니다. 시간의 주인이신 하나님과 함께 있으면 사나 죽으나 모든 순간이 하나님이 주신 축복의 시간이라는 것입니다.

예배를 통해 시간의 주인이신 하나님, 예수님과 함께 거룩한 시간을 우리 안에 채우십시오. 하나님, 예수님을 사랑하며 내가 주님 안에 있는지를 확인하십시오. 그리고 "하나님, 제 소원이 하나님의 소원이 되게 해주세요"라고 기도하기를 바랍니다. 그 확인을 받았다면 무슨 일이든 해도 좋습니다.

무엇이든 즐거운 마음, 사랑하는 마음, 기쁜 마음으로 하고 쉬어야 할 때는 쉬면서 주님과 함께 한 걸음씩 나아가는 것이, 하나님이 주신 시간을 복되게 사용하며 사는 것입니다. 이제 우리도 날마다 하나님이 주신 귀한 시간을 낭비하지 말고 시간의 주인이신 주님과 동행합시다.

참회의 기도

사랑의 하나님,
우리는 생명의 예수님을 믿는다고 하면서도
너무 오랫동안 무덤에 갇힌 예수님만 생각하며
슬픔과 탄식에 머물러 있었습니다.
일이 풀리지 않으면 쉽게 절망에 빠졌습니다.
목표하던 일들이 실패하고 꿈이 무산되는 것 같으면
낙심하며 죽음마저 생각했습니다.

이제 우리의 영적인 방황을 멈추게 하소서.
부활하신 주님과 함께 세상을 향해 담대하게 나아가게 하소서.
부활하신 주님을 만나는 큰 기쁨이
영혼 깊숙한 곳에서부터 솟구치게 하소서.

18장
삶의 현장으로 오시다

안식일이 다 지나고 안식 후 첫날이 되려는 새벽에 막달라 마리아와 다른 마리아가 무덤을 보려고 갔더니 큰 지진이 나며 주의 천사가 하늘로부터 내려와 돌을 굴려 내고 그 위에 앉았는데 그 형상이 번개 같고 그 옷은 눈같이 희거늘 지키던 자들이 그를 무서워하여 떨며 죽은 사람과 같이 되었더라 천사가 여자들에게 말하여 이르되 너희는 무서워하지 말라 십자가에 못 박히신 예수를 너희가 찾는 줄을 내가 아노라 그가 여기 계시지 않고 그가 말씀 하시던 대로 살아나셨느니라 와서 그가 누우셨던 곳을 보라 또 빨리 가서 그의 제자들에게 이르되 그가 죽은 자 가운데서 살아나셨고 너희보다 먼저 갈릴리로 가시나니 거기서 너희가 뵈오리라 하라 보라 내가 너희에게 일렀느니라 하거늘 그 여자들이 무서움과 큰 기쁨으로 빨리 무덤을 떠나 제자들에게 알리려고 달음질할새 예수께서 그들을 만나 이르시되 평안하냐 하시거늘 여자들이 나아가 그 발을 붙잡고 경배하니 이에 예수께서 이르시되 무서워하지 말라 가서 내 형제들에게 갈릴리로 가라 하라 거기서 나를 보리라 하시니라

마태복음 28장 1-10절

생명을 말하기 전에 고난을 말하는 기독교

기독교 신앙은 예수님의 십자가와 부활에 의한 신앙입니다. 예수님은 아름답게 꽃이 피고 신록이 돋는 4월에 죽은 자 가운데서 부활하셨습니다. 그런데 이 찬란한 달을 가장 잔인한 달이라고 노래한 시인이 있습니다. 노벨문학상을 받은 영국의 시인 T.S. 엘리엇은 서사시인 "황무지"에서 4월을 가장 잔인한 달이라고 묘사하면서 우리에게 경고합니다.

그가 살던 20세기 초는 제1차 세계대전의 아픔을 경험한 시대였습니다. 생명이 깃들 수 없었던 전쟁의 참화를 경험하면서 '오히려 죽음이 삶의 유일한 소망처럼 되어버리는 것은 아닌가' 하는 생각으로 시대를 역설적으로 바라보았습니다. 무엇보다 그를 아프게 한 것은 그런 절망조차 의식하지 못하는 현대인의 황폐한 정신 상태였습니다. 생명을 경험하기에는 죽음이 너무나 가까이 있기에, 그는 4월을 잔인한 달이라고 외치면서 오히려 추운 겨울이 더 따뜻했다고 반어법으로 말한 것입니다.

부활절이 춘분 이후 만월이 지난 첫 번째 주일이다 보니 우리는 대부분 4월에 부활절을 맞습니다. 그리고 부활절을 맞이하기 전에는 반드시 사순절을 보냅니다. 우리는 사순절에 주님의 죽음을 기억하며 삶의 여러 가지 문제를 주님 앞에 내려놓습니다. 특히 부활절 전 일주일은 고난주간으로 지내며 예수님이 우리의 죄악과 허물을 대신 지고 고난의 길을 가신 것을 묵상하면서 자신을 돌아보는 시간을 갖습니다.

이렇듯 기독교 신앙은 생명을 말하기 전에 죽음을 말합니다. 치유를 말하기 전에 병을 말합니다. 용서를 말하기 전에 죄를 말합니다. 그것은 하나님이 우리에게 베푸신 용서와 치유와 생명이 얼마나 큰 은혜의 사건인지를 경험하게 합니다.

▎무덤에 계시지 않는 예수님

본문에는 여인들이 부활하신 예수님을 맞이하기 전의 모습이 담겨 있습니다. 그들은 예수님의 무덤을 찾아가면서 생명을 떠올리거나 부활을 느끼지 못했습니다. 사랑하는 예수님의 죽음에 대한 충격이 너무 컸기 때문입니다. 그들은 예수님이 십자가에 달리시고 로마 병정들이 그 옆구리를 창으로 찌르는 것을 목격했습니다. 예수님이 하나님을 향해 부르짖는 기도도 들었습니다. 그리고 십자가에서 그분이 죽으시자 여인들은 예수님의 죽음 앞에 통곡했습니다. 사실 죽음 앞에서 담담할 수 있는 사람은 없습니다. 죽음은 회복이 불가능하기 때문입니다.

성경에 그들의 모습은 이렇게 기록되어 있습니다.

안식일이 다 지나고 안식 후 첫날이 되려는 새벽에 막달라 마리아와 다른 마리아가 무덤을 보려고 갔더니(마 28:1).

남자 제자들은 어디에 있는지 모두 사라지고 없었습니다. 그들은 아마 자기들이 신뢰하던 힘의 중심인 예수 그리스도가 죽게 되자 무력감에 빠진 것 같습니다. 그들은 뿔뿔이 흩어졌습니다. 그런데 마지막 순간에 여인들이 남아 있었습니다. 그들은 예수님을 사랑했던 기억 때문에 아파합니다. 그들의 발걸음은 무거웠고 마음은 쓰라린 슬픔으로 가득했습니다.

그때 그들이 사랑으로 할 수 있는 일은 예수님의 시신에 향료를 붓는 일뿐이었습니다. 결국 진심으로 사랑하는 사람만이 무덤에 갈 수 있고 울어 줄 수 있습니다. 사랑하는 사람만이 그 사랑의 추억을 간직하기 때문입니다. 그래서 여인들은 예수님의 무덤을 찾아갔습니다. 그리고 그곳에서 놀라운 소식을 듣게 됩니다.

그가 여기 계시지 않고 그가 말씀 하시던 대로 살아나셨느니라 와서 그가 누우셨던 곳을 보라(마 28:6).

무덤에 찾아갔지만 그분이 무덤에 계시지 않다는 것이었습니다. 무덤이 예수님을 가둘 수 없고 죽음이 예수님을 묶을 수 없습니다. 그것이 기독교의 메시지입니다. 예수님은 무덤 속에 계시지 않고 살아 계십니다. 그것은 무덤 속에 묻혀 있는 예수님에 대한 슬픔으로부터 그들을 끄집어내는 것입니다.

예수님이 말씀하신 대로 기독교는 생명의 종교입니다. 죽음을 거절하고 살아 있음을 예찬합니다. 또한 기독교 신앙은 생명의 예수님이 죽음의 권세를 이기셨다고 세상을 향해 선포합니다. 주님이 우리에게 말씀하십니다. "나를 사랑하는 자들아, 나는 여기 무덤에 없다. 살아 있는 나를 무덤 속에서 찾지 말아라. 이제는 무덤과 죽음을 너무 오래 응시하지 말아라. 또한 슬픔에 너무 오랫동안 잠기지 말고 거기서 벗어나라!"

우리는 생명을 향해 나아가야 합니다. 사랑하는 사람이 우리 곁을 떠났을 때 아파하고 슬퍼하지만, 그 슬픔이 우리를 오랫동안 잠식하도록 내버려둬서는 안 됩니다. 우리는 다시 발걸음을 살아 계신 하나님께 옮겨야 합니다. 떠난 사람은 하나님께 맡기고 부활의 생명을 바라봐야 하는 것입니다.

거라사 귀신 들린 사람이 있었습니다. 그의 거처는 무덤 옆으로, 그는 해가 뜨면 산 위로 올라갔다가 해가 지면 다시 내려와 무덤 옆에서 자신의 몸과 마음에 상처를 내며 살았습니다. 그의 삶은 어둠이요 죽음이었습니다. 그래서 더욱 자신의 정체성을 찾을 수 없었습니다. 왜 그랬을까요? 그가 처음부터 귀신 들린 사람이었기 때문일까요? 아닙니다. 그는 정체성을 아는 사람이었습니다. 그런데 아마 인생에서 사랑의 단절을 깊이 경험하고 그 속에서 죽음을 생각하며 슬픔과 애통의 자리에 계속 머물러 있다 보니 어둠의 세력인 사탄에게 붙잡힌 것입니다.

예수를 믿는 사람들이 밝아야 하는 이유가 여기에 있습니다. 내가 밝은 것이 아니라 내 속에 계신 예수님이 밝은 분이기 때문입니다. 우리는 예수의 생명을 갖고 살아가기에 무덤의 자리를 박차고 어둠의 자리를 벗어나 예수님과 함께 세상을 향해 나아가야 합니다.

▌ 삶의 현장 갈릴리

또 빨리 가서 그의 제자들에게 이르되 그가 죽은 자 가운데서 살아나셨고 너희보다 먼저 갈릴리로 가시나니 거기서 너희가 뵈오리라 하라 보라 내가 너희에게 일렀느니라 하거늘(마 28:7).

주의 천사가 여인들에게 무덤에서 벗어나 세상을 향해 가라고 말합니다. 곧 갈릴리로 가라는 것입니다. 갈릴리는 예수님이 제자들과 하나님 나라를 향한 사역을 시작했던 장소입니다. 제자들과 웃고 울면서 하나님이 주시는 역사를 확인했던 장소입니다. 사실 갈릴리는 우리의 삶의 현장과 같습니다. 죄악과 불의가 만연한 곳, 비겁함과 게으름이 도사리는 곳, 두려움과 무시움이 우리를 협박하는 그곳이 삶의 현장 갈릴리입니다.

그런데 예수님이 먼저 그 갈릴리로 가겠다고 말씀하십니다. 절망이 있는 곳에 희망을 주고, 죽음의 위협이 있는 곳에 생명으로 채우시겠다는 것입니다. 기독교 신앙의 핵심이 바로 여기에 있습니다. 인생 가운데 하나님이 나보다 한 걸음 먼저 앞서가신다는 것입니다. 예수님이 먼저 우리의 인생을 열어 주십니다. 따라서 우리는 예수님이 열어 주신 그 길을 걸으면 됩니다. 그것이 생명을 사는 사람들이 삶을 대하는 태도입니다. 그리고 우리는 가정과 직장을 비롯해 오늘도 아웅다웅하면서 살고 있는 그 현장, 우리의 갈릴리에서 부활하신 주님과 동행하며 살아가야 합니다.

> 그 여자들이 무서움과 큰 기쁨으로 빨리 무덤을 떠나 제자들에게 알리려고 달음질할새 (마 28:8).

말씀에서는 여인들이 빨리 무덤을 떠났다고 증언합니다. 예수님이 없는 무덤이 무슨 의미가 있겠습니까? 그들에게는 이제 그곳을 떠나 제자들에게 예수님의 부활을 전할 새로운 사명이 생겼습니다. 그런 그들의 마음에 감사가 흘러넘쳤습니다.

마태복음은 이방인이었던 동방박사가 예수님의 탄생을 예고하는 별을 보며 크게 기뻐한 데서부터 시작됩니다. 그리고 마지막에는 여인들이 예수님의 말씀과 천사의 말을 듣고 크게 기뻐한 것으로 마무리됩니다.

    우리에게도 그러한 큰 기쁨이 있습니까? 세상이 주지 못하는 평안이 있습니까? 예수 그리스도가 주시는 영원한 생명에 대한 약속과 믿음이 우리를 붙들고 있습니까? 이제 우리의 모든 슬픔과 어두움, 죽음의 두려움까지 주님 앞에 내려놓으십시오. 그리고 무덤에 머무르는 것이 아니라 삶의 현장인 갈릴리를 향해 나아가 그곳에서 주님과 더불어 생명으로 살아갑시다.

19장
우리의 새 생명으로 오시다

예수께서 안식 후 첫날 이른 아침에 살아나신 후 전에 일곱 귀신을 쫓아내어 주신 막달라 마리아에게 먼저 보이시니 마리아가 가서 예수와 함께 하던 사람들이 슬퍼하며 울고 있는 중에 이 일을 알리매 그들은 예수께서 살아나셨다는 것과 마리아에게 보이셨다는 것을 듣고도 믿지 아니하니라 그 후에 그들 중 두 사람이 걸어서 시골로 갈 때에 예수께서 다른 모양으로 그들에게 나타나시니 두 사람이 가서 남은 제자들에게 알리었으되 역시 믿지 아니하니라 그 후에 열한 제자가 음식 먹을 때에 예수께서 그들에게 나타나사 그들의 믿음 없는 것과 마음이 완악한 것을 꾸짖으시니 이는 자기가 살아난 것을 본 자들의 말을 믿지 아니함일러라 또 이르시되 너희는 온 천하에 다니며 만민에게 복음을 전파하라

 마가복음 16장 9-15절

믿음으로 이해하는 부활

부활은 죽음이 인생의 마지막이 아님을 선언하는 것입니다. 하나님은 부활 사건을 통해 우리에게 말씀하십니다. "네가 서 있는 현실은 마지막이 아니다. 현실을 뛰어넘는 그 이상의 세계가 있다."

부활하신 예수님은 먼저 막달라 마리아에게 나타나셨고 이후 엠마오로 가는 두 제자에게 나타나셨습니다. 그들은 예수님이 다시 살아나셨다는 소식을 다른 제자들에게 전했습니다. 사실 부활 소식을 들은 제자들의 첫 반응은 부정적이었습니다. 본문에도 그들이 믿지 않았다는 증언이 나옵니다. 한편 예수님은 열한 제자가 모여 식사하는 중에 나타나기도 하셨습니다. 그런데 그때도 그들이 믿지 않았다고 합니다.

자기가 살아난 것을 본 자들의 말을 믿지 아니함일러라(막 16:14).

제자들이 예수님의 부활 소식을 듣고도 믿지 않았다는 것입니다. 그만큼 그 사건은 제자들에게 충격적이었습니다. 이렇듯 부활은 놀람을 넘어 경외감을 불러일으키는 하나님의 사건입니다. 사실 예수님은 살아 계실 때 종종 부활에 대해 이야기하셨습니다. 그러나 제자들은 정말 예수님이 부활하리라고는 꿈에도 생각하지 못했습니다. 막달라 마리아가 부활하신 예수님을 봤다고 말했을 때도, 엠마오로 가던 두 제자가 증언했을 때도 믿지 못했습니다. 허무맹랑한 소리를 한다고 일축해 버렸습니다.

그렇다면 우리는 어떻습니까? 우리도 당시 그곳에 있었다면 제자들과 비슷한 반응을 보였을 것입니다. 일반적인 사고와 인식으로는 부활을 이해할 수 없기 때문입니다. 어떤 그리스도인은 이렇게 말합니다. "나는 예수님을 믿는다. 그러나 부활은 빼고 다 믿는다." 하지만 부활을 빼고 예수님을 믿는 것이 참 믿음일까요? 그들에게 막달라 마리아의 부활 증언은 거짓말로 들릴 것입니다. 아마 도굴꾼이 시신을 훔쳐갔다고 말하는 것이 더 그럴 듯하다고 생각할지도 모릅니다.

믿음의 사람들에게 나타나신 부활의 예수님

이제 예수님의 십자가 사건과 부활 사건을 비교해 보겠습니다. 십자가에 예수님이 달리실 때 그곳에 있는 모든 사람이 그 모습을 지켜보았습니다. 로마 군병들이 예수님을 십자가에 못 박는 과정과 군병 가운데 하나가 예수님이 죽었는지 확인하기 위해 창으로 옆구리를 찔러 보는 장면을 많은 사람이 목격했습니다. 예수님의 십자가 고난을 수많은 사람이 목격한 것입니다.

그러나 부활은 그렇지 않습니다. 부활하신 예수님은 모든 사람에게 나타나지 않고 그분을 따르던 이들에게만 나타나셨습니다. 무엇보다 그분을 사랑한 사람들에게 나타나셨습니다. 사도행전에는 베드로가 로마 백부장 고넬료에게 자신이 어떻게 부활하신 예수님을 만났는지를 증언하는 내용이 나옵니다.

> 하나님이 사흘 만에 다시 살리사 나타내시되 모든 백성에게 하신 것이 아니요 오직 미리 택하신 증인 곧 죽은 자 가운데서 부활하신 후 그를 모시고 음식을 먹은 우리에게 하신 것이라(행 10:40-41).

부활하신 예수님은 모든 사람에게 자신을 선전하지 않으셨습니다. 다시 살아났으니 얼마나 대단한 존재인지 보라고 광고하거나 그분을 인정하라고 강요하지 않으셨습니다. 오히려 두려움에 떨고 있던 믿음의 친구들에게 "두려워하지 말고 하나님의 놀라운 사랑을 믿어라. 너희도 나의 부활을 통해 새 생명을 얻어라"고 말씀하시면서 나타나셨습니다.

하지만 세상 사람들은 부활하신 예수님을 부정했습니다. 지금도 그렇습니다. 빈 무덤을 보며 그것은 제자들이 꾸민 사건이라고, 시신을 도난당한 것이라고 비아냥댑니다. 또한 몹시도 부활을 기다리던 한 여인, 즉 일곱 귀신 들린 여인이 만들어 낸 환상이라고 조롱합니다. 심지어 부활은 죽음을 두려워하는 인간이 만들어 낸 종교적 아편이라고 비난하기도 합니다.

하지만 말씀을 읽어 보면 놀랍게도 예수님의 부활조차 하나님의 감추어진 영광이었음을 알게 됩니다. 왜 예수님이 빌라도에게는 나타나지 않으셨을까요? 왜 군인과 대제사장, 율법학자들에게는 나타나지 않으셨을까요? 예수님은 믿음의 비밀스런 사건으로 부활을 남겨 두신 것입니다. 예수님은 강제로 하나님을 믿게 하지 않으셨습니다. 만약 부활하신 예수님이 하나님의 영광 안에서 모든 사람에게 직접 나타났다면 그 순간 인간은 끝을 보았을 것입니다. 하나님의 거룩하심으로 인해 죄인인 인간은 질식하고 멸망당할 수밖에 없기 때문입니다. 죄인이 영광의 주님을 목격하는 것 자체가 재앙인 것입니다.

하나님의 종 모세조차 하나님의 거룩한 얼굴을 직접 볼 수 없었습니다. 영광의 하나님을 대면하는 것은 불신앙에 대한 심판이요, 인간의 종말이 시작되는 시점입니다. 그래서 하나님은 인간을 위해 끝까지 기다리고 계십니다. 다시 오실 예수 그리스도, 재림의 예수님이 영광 중에 오실 때까지 그날을 미뤄두십니다. 그리고 마침내 그날이 오면 모든 것이 마지막이 될 것입니다.

▎부활을 전하는 그리스도인

그러므로 부활하신 예수님을 본 믿음의 사람에게는 책임이 있습니다. 그것은 부활하신 예수님을 세상에 증거하는 사명입니다. 예수님을 통해 새로운 시대가 열렸다고, 하나님이 그 사랑으로 우리를 초대하신다고, 지금도 하나님이 우리를 기다리신다고 세상을 향해 선포해야 합니다. 예수님이 우리에게 그 진리를 전하라고 명하셨습니다.

부활 신앙은 가장 낮은 자에서부터 시작됩니다. 낮은 자가 믿음이 얼마나 소중하고 값진지를 알기 때문입니다. 그래서 부활의 첫 증인도 막달라 마리아였습니다. 그 여인은 일곱 귀신 들렸던 자로 사람들의 관심 밖에 있고 변두리로 내몰렸던 여인입니다. 그런데 그 여인이 가장 먼저 부활 소식을 접했습니다. 가장 낮은 자이자 소외당하던 여인이 가장 먼저 부활 사건을 본 것입니다.

결국 부활은 전적으로 믿음과 은혜의 사건입니다. 나 같은 죄인이 믿기만 하면 하나님의 용서를 받고 그분의 자녀가 되며 예수님의 부활에 참여할 수 있다는 믿음의 역사를 보여 주기 위해, 연약하고 죄 많은 여인에게 부활을 가장 먼저 목격하게 하신 것입니다. 반면 예수님은 3년 동안 동고동락했던 제자들마저 예수님의 부활을 믿지 못하자 그들을 이렇게 꾸짖으셨습니다.

예수께서 그들에게 나타나사 그들의 믿음 없는 것과 마음이 완악한 것을 꾸짖으시니 이는 자기가 살아난 것을 본 자들의 말을 믿지 아니함일러라 (막 16:14).

예수님은 부활 소식을 듣고도 믿지 못하는 제자들에게 "왜 그렇게 믿음이 없느냐? 왜 그렇게 마음이 딱딱해졌느냐?"라고 꾸짖으셨습니다. 어쩌면 제자들에게 있던 슬픔이나 절망이 예수님의 부활을 가리고 있었는지 모릅니다. 또는 무지함이 그들의 눈을 가리고 있거나 믿지 않으려는 마음, 이성적으로 받아들일 수 없다는 의심이 부활 신앙을 가로막고 있었을지도 모릅니다. 그러나 예수님은 그러한 고정관념을 깨뜨리셨습니다. 결국 신앙을 갖는 것은 편견을 깨고 하나님이 행하시는 일을 향해 마음의 눈을 열어 그 자체를 믿음으로 받아들이는 것입니다.

부활 신앙은 우리의 경험과 사고와 이해의 폭을 깨는 역할을 합니다. 부활은 지금 눈앞에 보이는 현실, 탄식하고 눈물 흘리게 하는 모든 것이 끝이 아니라는 사실을 깨닫게 합니다. 지금 내가 마주하는 현실이 어둡고 무겁더라도, 그것이 인생의 마지막이 아니라는 사실을 알려 주며 새로운 희망을 선사합니다. 그러므로 예수님의 부활은 우리의 희망이 됩니다. 그리고 그 속에는 하나님의 사랑이 있습니다.

예수님은 부활하신 후 제자들에게 나타나 두려워하지 말라고 하시며 부활의 복음을 세상에 증언하라고 말씀하셨습니다.

> 또 이르시되 너희는 온 천하에 다니며 만민에게 복음을 전파하라 (막 16:15).

우리가 만날
예수

삶을 새롭게 만드는 부활 신앙

세상의 가치관은 삶의 모든 순간을 우연으로 인식합니다. 그래서 부활의 신비, 생명의 신비를 용인하지 않으려 합니다. 그러다 보니 자연스럽게 영혼은 메마르고 경탄도 사라집니다. 또한 이 세상이 신비한 생명 속에서 움직인다는 것을 보지 못하게 됩니다.

세상은 우리에게 가장 중요한 것이 지식과 능력, 기술과 정보력이라고 가르칩니다. 하지만 그 말에 휩쓸리는 순간 우리는 생명의 신비와 부활의 축복을 잃어버리게 됩니다. 그러면 이런 현실 가운데 우리는 어떻게 예수님의 부활을 목격할 수 있을까요? 우리의 일상에서 어떻게 예수님의 생명을 경험할 수 있을까요? 부활의 생명을 어떻게 내 삶의 자리로 끌어당길 수 있을까요?

우선 우리는 예배를 드리면서 부활을 경험할 수 있습니다. 성경에는 예수님을 사랑한 여인들이 안식 후 첫날에 예수님의 무덤을 찾았다고 나옵니다. 그리고 그때 예수님은 그곳에 계시지 않았지만 그들은 곧 부활하신 예수님을 만납니다. 그날이 바로 주일입니다. 안식 후 첫날, 곧 예수님이 부활하신 날입니다. 그래서 초대 교회 사람들은 서서히 주일로 예배 시간을 바꿔 나가기 시작했습니다.

그러나 그 과정은 결코 쉽지 않았습니다. 유대인들이 안식일을 귀하게 여겼기 때문입니다. 그러나 예수님이 죽은 자 가운데서 부활하신 그날이 구원의 정점이자 인류의 새로운 희망의 날임을 부정할 수는 없습니다. 우리의 죄악이 용서받고 그로 인해 우리가 하나님의 자녀가 되고 하나님의 의로운 선물을 받은 그날이 바로 예수님이 부활하신 주일이기 때문입니다.

그러므로 모든 것을 주님 앞에 가지고 나아가십시오. 마음에 슬픔이나 아픔이 있습니까? 몸이 아픕니까? 그 모든 것을 주님께 가지고 나가십시오. 지금의 현실이 너무나 힘들고 절망스럽다면 그 마음도 주님께 가지고 나가십시오. 그러면 주님이 부활의 생명으로 우리의 인생을 새롭게 써 주실 것입니다.

그 모든 것을 듣고 배우고 깨닫는 자리가 바로 하나님께 예배드리는 자리입니다. 그곳이 축복의 자리이자 새 출발의 자리인 것입니다. 우리는 세상에서 낙심하고 절망하다가도 예배의 자리에서 다시 부활과 생명의 기쁨, 용기를 얻고 세상을 향해 나아갈 수 있습니다.

부활은 하나님이 우리 인생의 마지막을 붙들고 계시다는 징표이자 우리가 기필코 승리할 것이라는 증거입니다. 그러므로 우리는 최종적으로 승리할 그날을 고대하며, 또 그날을 앞당겨 살 수 있습니다. 그러므로 지금 내 인생이 척박하고 내가 패배자 같더라도, 슬픔과 탄식이 몰려와 나를 억압할지라도 부활하신 예수님이 우리에게 하시는 말씀을 기억하십시오. "고난에 굴복하지 말아라. 인생을 포기하지 말아라. 지금 그 자리는 결코 마지막이 아니다. 다시 부활 생명으로 일어서라!"

"마지막에 웃는 자가 가장 잘 웃는 것이다"라는 말이 있습니다. 그리스도인은 마지막에 승리하는 자입니다. 그래서 오늘 이 순간을 승리하면서 살 수 있습니다. 부활은 믿음과 희망의 사건이자 하나님의 사랑이 우리에게 다가오는 사랑의 사건입니다. 따라서 우리는 이 땅에서 부활의 소망을 주신 하나님과 함께 믿음으로 살아가야 합니다.

또한 우리는 부활을 통해 삶을 새롭게 조명합니다. 혹 오늘 죽음의 자리에 들어간다 해도, 결코 그것은 마지막이 아닙니다. 주님이 우리에게 영원한 부활의 생명을 약속하셨기 때문입니다. 이제 우리에게 새로운 생명 이야기를 쓰게 하실 주님을 기억하며 놀라운 부활의 신앙을 가지고 매일매일 삶을 열어가는 하나님의 자녀가 되기를 기대합니다.

대학·중용

이세동 옮김

을유문화사

옮긴이
이세동(李世東)

경북 성주에서 태어나 경북대학교 중어중문학과와 서울대학교 대학원 중어중문학과(문학박사)를 졸업하였다. 포항공대 교양학부 전임강사를 거쳐 현재 경북대학교 중어중문학과 교수로 재직 중이다. 전공은 중국 경학이지만 문학이론과 한국 경학 등으로 연구의 지평을 넓혀가고 있다. 「주자(朱子) 주역본의(周易本義) 연구」, 「주자(朱子)의 대학(大學) 개본(改本)에 대한 고찰」, 「중국경학(中國經學) 시론(試論)」 등 다수의 논문과 『밀암(密菴) 이재(李栽) 연구』(공저), 『응와(凝窩) 이원조(李源祚)의 삶과 학문』(공저) 등의 저서와 『몽산유고(夢山遺稿)』 등의 역서가 있다.
leesd@knu.ac.kr

대학 · 중용

발행일
2007년 12월 30일 초판 1쇄
2021년 7월 25일 초판 7쇄

옮긴이 이세동
펴낸이 정무영
펴낸곳 (주)을유문화사

창립 1945년 12월 1일 | 등록 1950년 11월 1일(1-292)
주소 서울시 마포구 서교동 469-48
전화 02-733-8153 | FAX 02-732-9154 | 홈페이지 www.eulyoo.co.kr
ISBN 978-89-324-5253-1 03150

- 저작권법에 의해 보호를 받는 저작물이므로 무단전재와 복제를 금합니다.
- 이 책의 전체 또는 일부를 재사용하려면 저작권자와 을유문화사의 동의를 받아야 합니다.
- 책값은 뒤표지에 있습니다. 잘못된 책은 구입하신 곳에서 바꾸어 드립니다.

옮긴이의 말

　『대학』은 문리(文理)로 보는 책이 아니라 논리로 보는 책이고, 『중용』은 논리로 보는 책이 아니라 마음으로 보는 책이다. 『대학』의 그 논리는 성리학의 세계관이고, 『중용』의 그 마음은 우주와 내가 하나 되는 마음이다. 그러므로 '제대로' 『대학』의 문으로 들어가서 『중용』의 문으로 나오면 선비 한 사람이 만들어진다. 어떤 마음으로 어떻게 사는 것이 선비의 길인가를 제대로 알게 되는 것이다. 이 땅의 선비들은 그렇게 살았다. 그렇게 살지 못하더라도 그렇게 살려고 노력했고, 노력도 하지 않았다면 흉내라도 내며 살았다. 그래서 조선이 문화가 우뚝한 시절도 있었고, 나라를 망친 시절도 있었다. 제대로 사는 선비들이 많으면 문화가 융성하고, 흉내만 내는 선비가 많으면 나라를 망치게 되는 것이다.

　이제는 흉내도 내지 않는다. 흉내를 낼 필요도 없어졌다. 패러다임이 바뀐 것이다. 성리학의 세계관이 이 시대의 세계관이 될 수 없고, 인간과 우주가 하나 되는 것은 놀라운 문명의 힘으로 우주를 정복할 때에만 가능하다고 여기는 시대가 되었다. 실체를 알 수 없지만 조화

롭기 그지없는 자연의 질서를 하늘이라 여기며 그 하늘을 경외하고 그 하늘의 질서와 나의 질서를 하나 되게 하는 경건한 삶이 답답해 보이는 시대가 된 것이다. 나의 고결한 인품과 덕스런 실천이 남을 감동시키기만 하면 모두가 잘사는 세상이 되는 줄 알았던 사람들의 어리석음을 비웃으며, 갈고 닦은 나의 유능함으로 나보다 덜 유능한 사람보다 풍족한 삶을 살아야 행복한 줄 아는 시대이다. 그러므로 이 시대에 재사(才士)는 넘쳐나는데 덕사(德士)는 눈을 씻고 보아도 보이지 않는다. 『대학』도 『중용』도 쓸데없는 책이 되어 버린 것이다.

그래도 이 시대의 우리는 『대학』도 읽고 『중용』도 읽어야 한다. 한 시절, 온 나라 사람들이 그 책들을 읽고 그 책들을 외우고 책처럼 살아보려 했던 적이 있었다. 그 시대가 있었기에 현재가 있고 그 시대를 살던 사람들이 있었기에 오늘의 우리가 있기 때문이다. 그 시대가 먼 시대도 아니다. 우리의 할아버지, 좀더 나이가 적은 사람들은 할아버지의 할아버지 시대만 하더라도 그렇게 살았다. 불과 100년 전만 하더라도 그렇게 살았던 것이다. 그러므로 아직도 우리에게는 그들의 피가 진하게 흐르고 있고, 그 피의 속성에 따라 가끔씩은, 정말 가끔씩은 우리도 그렇게 살아가는 삶을 그리워해 보기도 한다. 비록 그렇게 살지는 못하더라도……

그래서 『대학』도 읽고 『중용』도 읽어야 한다. 현재를 과거의 연속이라고 한다면 가까운 과거가, 아주 가까운 과거가 『대학』과 『중용』으로 틀을 짠 가치를 보편적인 가치로 알고 살아왔던 시대였다. 부정하고 싶지만 아직도 우리에게는 그 가치의 그림자가 남아 있고 때로는 왜